• 과학 교과서 관련 •

**3학년 2학기**
3. 지표의 변화

**4학년 1학기**
2. 지층과 화석

**6학년 1학기**
2. 지구와 달의 운동

와이즈만 과학동화

## 빨간 내복의 초능력자 시즌2

❺ 바이러스의 위협과 싸우다

1판 1쇄 발행 2022년 8월 30일
1판 3쇄 발행 2025년 10월 1일

서지원 글 | 이진아 그림 | 와이즈만 영재교육연구소 **감수**

**발행처** 와이즈만 BOOKs **발행인** 염만숙
**출판사업본부장** 김현정 **편집** 김예지 양다운 이지웅
**디자인** 윤현이 **마케팅** 강윤현 백미영 장하라

**출판등록** 1998년 7월 23일 제 1998-000170 **제조국** 대한민국 **사용 연령** 8세 이상
**주소** 서울특별시 서초구 남부순환로 2219 나노빌딩 5층
**전화** 마케팅 02-2033-8987 **편집** 02-2033-8928 **팩스** 02-3474-1411
**전자우편** books@askwhy.co.kr **홈페이지** mindalive.co.kr

**저작권자** ⓒ 2022 서지원
이 책의 저작권은 서지원에게 있습니다.
저자와 출판사의 허락 없이 내용의 일부를 인용하거나 발췌하는 것을 금합니다.
잘못된 책은 구입처에서 바꿔드립니다.

• 와이즈만 BOOKs는 (주)창의와탐구의 출판 브랜드입니다.

# 빨간 내복의 초능력자

시즌 2

5. 바이러스의 위협과 싸우다

서지원 글 | 이진아 그림
와이즈만 영재교육연구소 감수

와이즈만 BOOKs

## 차례

작가의 말 _4
등장인물 _6

**첫 번째 사건**
# 키메라 vs 곰돌이 야자수 _9

**두 번째 사건**
# 빨간 내복 vs 신풍귀 박사 _39

세 번째 사건
# 빨간 내복 vs 하마리 박사 _71

네 번째 사건
# 검은 내복 vs 빨간 내복 _97

초능력자의 과학일기
**우리 몸에는 어떤 세균이 살까?** _128

다섯 번째 사건
# 빨간 내복 vs 과학의 신 _131

초능력자의 과학일기
**바이러스와 세균은 무엇이 다를까?** _172

작가의 말

## 관찰하고 탐구하고 질문하고, 외쳐요, 세렌디피티!

좀 모자라고 장난이 지나친 동네 아이 같지만, 사실 나유식은 아주 특별한 비밀을 갖고 있어요.

나유식은 천재 물리학자인 알버트 아인슈타인의 어린 시절을 닮았어요. 아인슈타인은 어릴 때부터 다른 사람들보다 더 오래 생각했어요. 궁금한 게 있으면 그냥 넘어가지 않는 것, 인내심을 갖고 끝까지 물고 늘어지는 것, 이 점이 나유식과 비슷하지요. 호기심이 많은 아이들은 많지만, 그 호기심을 자신의 힘으로 끝까지 풀어내는 아이들은 많지 않아요. 이것이 나유식이 초능력자가 될 수밖에 없는 첫 번째 비밀이에요.

나유식은 뭔가를 이해하는 속도는 느리지만 특별합니다. 왜냐하면 '속도'가 아니라 '방향'을 잘 잡기 때문이에요. 바다 한가운데에 뗏목을 타고 떠 있다고 했을 때 속도보다는 방향이 중요한 것처럼, 나유식은 비록 빠르지는 않아도 고민을 많이 하고, 뭔가를 뛰어넘어서 생각할 줄 알아요. 이것이 나유식이 초능력자가 될 수밖에 없는 두 번째 비밀이에요.

또한 유식이는 질문을 많이 해요. 먼저 관찰을 하고, 그다음엔 발견, 마지막으로 질문을 하지요. 그러다가 번뜩 뭔가 떠오르는 순간, 초능력이 빠지직 생겨나지요. 뭔가 번뜩 떠오르는 걸 '세렌디피티'

(Serendipity)라고 해요. '관찰'과 '탐구'를 통해서 '창의'가 꽃을 피우는 순간이지요. 이것이 나유식이 초능력자가 되는 세 번째 비밀입니다.

미래에는 '문제를 해결하는 능력'을 갖춘 사람이 가장 뛰어난 인재가 된다고 해요. 그런 능력을 가지려면, 처음 부딪치는 낯선 문제라도 잘 파악하고, 해결의 실마리를 찾고, 다른 사람들과 의사소통을 잘해야 해요.

나유식에게 만약 이 얘기를 들려준다면, "창의적 상상력? 논리적 사고력? 뭔 말인지 1도 모르겠어요."라고 할 거예요. 하지만 나유식은 자신도 모르게 문제 해결 능력을 키우고 있지요. 호기심을 자신의 힘으로 끝까지 풀어내려는 마음, 보통 사람들과는 다르게 생각할 줄 아는 마음, 그리고 관찰하고 발견하고 질문하고, "세렌디피티!"를 외칠 수 있는 마음을 갖고 있기 때문입니다.

유식이의 초능력의 마지막 비밀은 '실수'예요. 유식이는 실수를 두려워하지 않아요. 뭔가를 배울 때 가장 먼저 하는 게 실수예요. 하나를 배우면 또 다른 실수를 하고, 또 하나를 배우면 또 다른 실수를 해요. 이걸 반복하면서 우리는 성장합니다. 오늘보다 더 나은 내일을 위해 나아가려면 실수를 거듭해야 하는 것입니다. 실수해도 괜찮아요! 유식이처럼 도전해 보세요! 여러분이 초능력자 나유식입니다. 창의성을 폭발시키는 그 순간, 초능력이 뿜어져 나올 수 있도록 외쳐요, 세렌디피티!

서지원

등장인물

### 나유식

내 이름은 나유식, 별명은 너무식. 1학년 때부터 칭찬이라곤 받아 보지 못한 말썽쟁이야. 내가 피운 말썽은 호기심 때문이야. 난 호기심이 지독하게 많거든. 그래서 과학을 가장 좋아해.

### 빨간 내복의 초능력자

어느 날 우주에서 떨어진 코딱지만 한 별똥별을 콧구멍 속에 넣은 후부터 초능력자가 되었어. 동네를 지키는 히어로야! 사람들은 내 정체를 궁금해하지. 누구냐고? 우헤헤에헹, 사실은 나야, 나유식. 그런데 요즘은 초능력이 좀처럼 안 돼서 걱정이야.

### 사이언스 패밀리

과학으로 똘똘 뭉쳐 있는 과학 가족이라고 할까? 아빠는 발명가의 꿈을 잃지 않은 가전제품 회사의 연구원이고, 엄마는 고등학교 과학 선생님이야. 누나는 나와 다르게 전교 1등을 다투는 과학 영재야. 아참, 누나는 눈썹이 별로 없어. 내가 초능력을 잘못 발휘해 누나의 눈썹을 태웠거든.

### 아인슈타인

20세기 최고의 천재 과학자 알베르트 아인슈타인이야. 1955년에 세상을 떠났지. 그런 아인슈타인이 다시 살아났어. 바로 나의 뇌 속에! 나는 아인슈타인 박사를 아재라고 불러. 아재님은 아인슈타인 천재의 준말이라고 착각하지만 사실은 아저씨라는 뜻이야.

### 공자, 희주, 루나

나와 가장 끈끈한 우정의 우리반 친구들. 나만큼 공부를 못하는 공자와 내가 빨간 내복의 초능력자라는 걸 아는 유일한 친구 희주, 그리고 나와 어울릴 것 같지 않은 아역 스타 루나야.

### 하마리와 신풍귀

노벨 과학상 후보에 오를 정도로 명망 있는 유전 공학 과학자 하마리. 명석한 두뇌와 특출난 외모로 사람들의 선망의 대상이지만, 어쩐지 수상한 기운이 풍겨. 그리고 하마리 유전자 연구소의 수석 연구원 신풍귀. 눈빛도 표정도 수상해. 아무래도 수상하다고.

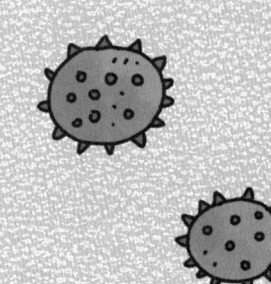

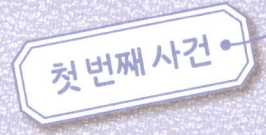
첫 번째 사건

# 키메라 vs 곰돌이 야자수

**베란다에** 놓인 화분이 눈에 들어왔다. 흙이 움푹 패여 휑하다. 곰돌이 야자수를 심었던 자리다. 곰돌이 야자수는 자기 발로 걸어서 어디론가 가 버렸다. 도망치지 못하도록 빨랫줄로 꽁꽁 묶어 두었지만 소용없었다.

"우리가 키우던 곰돌이 야자수는 어디로 간 거야? 아침마다 물도 주고 리본까지 달아 주면서 보살폈는데, 배신자 녀석!"

누나는 흙만 남은 화분을 노려보며 입술을 삐죽 내밀었다.

평소 같으면 한마디 거들었을 엄마 아빠지만, 심각한 표정으로 텔레비전과 스마트폰 화면에서 눈을 떼지 않았다.

텔레비전 화면이 바뀌며 '긴급 속보'라는 빨간 제목이 나타났다. 잠시 후, 앵커가 속보를 전했다.

"안심해 앵커입니다. 도시 곳곳에서 위험한 사건들이 벌어지고 있습니다. 하마리 유전 공학 연구소에서 개발한 야자수가 도시를 활보하며 시민들을 혼란에 빠뜨리고 있습니다. 중앙 공원의 야자수 무리와 집마다 키우던 야자수까지 거리로 속속 쏟아져 나왔습니다."

곰돌이 야자수 무리의 모습을 실시간으로 전하는 영상이 이어졌다.

"야자수는 아기 곰처럼 귀여워 보이지만, 거미 다리처럼 뻗어 나온 뿌리로 걸어 다니며 엽기적인 행각을 벌였습니다. 비둘기, 참새, 다람쥐, 토끼 같은 작은 동물을 잡아먹으며 빠르게 몸을 불리고 있습니다. 아, 잠시만요. 지금 거대 곰돌이 야자수가 출현했다고 합니다! 현장에 나간 송송이 기자와 연결하겠습니다. 송송이 기자!"

헬기를 탄 송송이 기자가 화면에 나타났다. 안전 장비로 헬멧까지 썼지만 어쩐지 위태로워 보였다.

"보이십니까? 3층 건물 높이로 자란 야자수가 중앙 도로를 점령했습니다. 자동차들은 도로가 막혀 오도 가도 못하는 상황입니다. 출동한 경찰차 행렬이 바리케이드를 치고 시민을 보호하고 있지만……. 보십시오! 야자수가 공격을 시작했습니다!"

휙휙, 휙휙, 휙휙휙-.
 거대 곰돌이 야자수는 줄기를 마구 흔들어 야자열매를 날렸다. 수십 개의 야자열매가 폭탄처럼 허공을 가르며 날아갔다.
 "곰돌이 야자수 무리가 마치 군대처럼 도로 중앙에 집결했습니다! 열 마리 아니, 열 그루 아니 아니, 백 마리……."
 "송송이 기자, 마리입니까 그루입니까?"
 안심해 앵커가 물었다.

"식물이니까 그루인데, 걸어 다니니까 마리라고 해야 할지……. 저도 모르겠습니다. 지금 그런 게 중요한 게 아닙니다. 도시는 점점 더 위험해지고 있습……."

그 순간, 우지직 소리와 함께 화면이 일그러졌다.

"악!"

"세상에!"

송송이 기자와 동시에 우리 가족도 비명을 지르며 벌떡 일어났다. 헬기가 추락한 걸까?

"곰돌이 야자수가 근접 촬영을 하던 방송 드론을 공격해 드론이 추락하고 말았습니다. 현장이 너무 위험한 상황이라 헬기로 더 가까이 접근하기 어렵습니다."

안심해 앵커의 말에 가족 모두 후유 하고 한숨을 뱉었다.

위이이잉, 위이이잉.

다음 날 학교 수업 시간이었다. 경보음이 들려왔다. 도시 전체에 울리는 비상 경보였다.

곰돌이 야자수 때문에 도시는 아수라장이 되었다. 경찰과 군인, 소방관이 곳곳에 출동했지만, 엄청난 곰돌이 야자수 무리를 막을 수 없었다.

"웩웩! 스컹크 방귀보다 더 지독합니다!"

야자수들이 던지는 야자열매는 지독한 냄새를 풍겼고, 뾰족한 가시까지 돋쳐서 누구도 가까이 가지 못했다.

"이건 지옥의 냄새예요! 목욕해도 온몸에 밴 냄새가 빠지지 않을 거 같습니다! 우웩, 웩웩!"

냄새를 맡은 사람들은 구역질하다가 마취에 빠진 것처럼 정신을 잃고 픽픽 쓰러졌다.

삐뽀삐뽀. 삐뽀삐뽀.

경찰차 여러 대가 긴급 경보를 울리며 바삐 움직였다.

"시민 여러분, 집 밖으로 나오지 마십시오! 안전한 실내에 머무르시길 바랍니다! 다시 한 번 알립니다! 지금 거리는 매우 위험하니, 시민 여러분은 안전하게 피신해 주시길 바랍니다!"

누나와 나는 휴교 결정이 내려졌고, 엄마와 아빠도 재택근무를 하게 되었다. 우리 가족은 겨울을 맞은 다람쥐처럼 집에 웅크리고 있었다.

"집 밖으로 나가면 안 돼! 절대!"

엄마와 아빠가 주의를 시켰다.

방에 틀어박혀 곰돌이 야자수를 무찌를 초능력 훈련에 한창인데, 까옥 하고 스마트폰이 울렸다.

　　허리케인코딱지 맛 아이스크림이라니. 상상만 해도 입안에 침이 고였다. 아이스크림 가게는 우리 집에서 사거리 두 번만 지나면 도착할 만큼 가까웠다. 마침 엄마 아빠가 방에서 재택근무 중이라, 집 안은 조용했다. 누나와 나는 살금살금 집을 나섰다. 거리에는 사람이 거의 없었고, 자동차들이 뜨문뜨문

빠른 속도로 지나갔다.

  아이스크림 가게까지 무사히 도착했다. 허리케인코딱지 맛 아이스크림을 맛본 순간 오길 잘했다는 생각이 들었다. 집에 가는 길에는 아이스크림을 핥아 먹는 여유도 부렸다.

  첫 번째 사거리를 지날 때까지만 해도 아무 일도 일어나지 않았다. 하지만 두 번째 사거리를 지나 골목에 들어선 순간 머리 위로 짙은 어둠이 깔려 왔다. 누나도 수상한 기운을 느꼈는지 우리는 누가 먼저랄 것도 없이 힐끗 뒤를 돌아봤다.

  "유식아, 저기 리본 보여?"

  나는 고개를 끄덕였다. 골목 어귀 담장 너머 나뭇가지에 분홍색 리본이 펄럭이고 있었다. 누나가 우리 집 곰돌이 야자수에 달았던 소원 리본과 색이 같았다. 누나의 소원은 눈썹이 나게 해 달라는 것이었다.

"내 소원을 적은 리본이 왜 저기에……."

순간 리본이 움직이기 시작했다. 아니 아니, 담장만큼이나 훌쩍 자란 곰돌이 야자수가 움직였다. 소원 리본을 단 곰돌이 야자수는 이내 우리 앞을 가로막았다.

"억!"

심장이 아이스크림보다 차갑게 얼어붙는 것 같았다.

털썩.

손에 힘이 풀려 아이스크림도 바닥에 떨어뜨리고 말았다. 곰돌이 야자수는 우리 쪽으로 한 걸음 두 걸음 다가왔다.

"도망쳐!"

"으아아악!"

식물이 빨라 봐야 우리보다 빠를 수는 없다고 생각했지만……. 곰돌이 야자수는 여러 갈래로 뻗은 뿌리로 점프하듯 겅중겅중 뛰어올랐고 엄청나게 빨랐다. 숨이 차올랐다. 집까지 가는 길이 멀게만 느껴졌다

퍽퍽! 퍽퍼퍽!

이번엔 야자열매가 날아왔다.

구리구리한 지옥의 냄새! 악취가 코를 찌르고 타고 올라와 뇌까지 찔러 댔다.

> **초능력자의 과학수첩**
>
> ## 달릴 때 숨이 차고 가슴이 빨리 뛰는 건 왜일까?
>
> 헥헥, 우리는 모두 호흡을 해. 강아지도 고양이도 비둘기도 마찬가지야. 살아있는 생물은 모두 호흡을 한다고. 호흡을 왜 하냐고? 몸속에 산소를 공급하는 거지. 들이마신 산소는 폐에서 심장으로 보내지고, 다시 혈관을 타고 온몸으로 퍼져 나가. 달리기나 줄넘기 같은 운동을 할 때 숨이 찬 적 있지? 운동하는 동안 우리 몸에는 더 많은 산소가 필요해. 산소는 온몸에 보내져서 에너지를 만들거든.

"읍! 누나, 냄새에 정신을 잃을 것 같아! 코 막아!"

드디어 집이 보였다. 그 순간 날카로운 가지가 내 귓등을 스쳤다. 곰돌이 야자수가 가지를 뻗어 나를 낚아채려고 했다. 나는 요리조리 피하면서 대문으로 달려갔다. 긴장한 탓에 출입구 비밀번호를 자꾸 틀렸다.

"앗, 또 틀렸어!"

곰돌이 야자수는 어느새 우리 뒤에 바짝 다가왔다. 앞으로도 뒤로도 갈 수 없는 상황.

'이대로 곰돌이 야자수에 잡아먹히는 걸까? 왜 하필 이런 때

에는 초능력도 말을 안 들을까?'

"유식아! 지금이야!"

누나가 아이스크림 가방을 곰돌이 야자수 쪽으로 던졌다. 곰돌이가 멈칫하는 사이에 간신히 대문을 열고 들어갔다.

쾅쾅쾅! 쾅쾅쾅쾅!

약이 올랐는지 곰돌이 야자수가 대문을 마구 두드렸다. 부러진 가지와 이파리가 사방으로 튀었다. 그 모습이 가시를 뿜어내는 괴물처럼 보였다. 누나와 나는 겁에 질려 집에 들어오자마자 현관문을 걸어 잠갔다.

쾅쾅콰앙! 쾅쾅콰앙! 쿠앙!

대문이 부서져 벌컥 열리고 말았다. 대문 부서지는 소리에 놀라 엄마 아빠가 방에서 뛰쳐나왔다. 곰돌이 야자수가 기어이 우리 집을 습격한 것이다.

"우리는 이제 곰돌이 야자수 밥이 될 거예요!"

"경찰에 신고해!"

아빠가 소리치며 무기가 될 만한 물건을 찾았다.

그런데 이상한 일이 일어났다.

……….

순간 아무 소리도 들리지 않았다. 우리는 창문으로 눈만 빼

꼼 내다봤다.

"곰돌이 야자수가 보이지 않아요."

"어디 숨어 있는 거 아니야? 잘 찾아봐."

"없어. 흔적도 없어."

"어휴, 살았다. 잡아먹힐 뻔했네. 왜 그냥 간 거지?"

누나는 땀을 닦으며 소파에 털썩 기대앉았다. 과거의 경험이 문득 떠올랐다.

"음……. 혹시 우리한테 실망해서 그런 거 아닐까?"

"곰돌이인지 곰탱이인지 우리를 공격하려고 했어. 그런데 누가 누구한테 실망이라는 거야?"

"오해일지도 몰라. 곰돌이 야자수가 우리를 알아보고 반가워서 달려온 게 아닐까? 게다가 여긴 자기가 살던 집이기도 하잖아. 그런데 우리는 노망쳤고, 문을 걸어 잠갔어. 혹시 슬퍼서 떠난 게 아닐까?"

나도 친구들에게 따돌림을 당한 적 있다. 참 슬펐다. 그래서인지 자꾸 곰돌이 야자수 편에서 변명하게 됐다.

"사실 곰돌이 야자수가 나쁜 짓을 하려던 건 아니잖아. 동물들을 잡아먹은 건 배가 고파서 그랬을 거야. 움직일 수 있으니까 돌아다닌 거고. 교통질서를 어겼지만, 학교에서 배운 적이 없으니 당연하잖아."

"그러면 지옥의 야자열매는 왜 던진 거야? 가시는 왜 쏘아 대는데? 말이 안 되잖아."

누나도 지지 않고 따져 물었다.

"야자열매도 우리에게 선물로 던져 준 건 아닐까? 어쩌면 맛있을지도 몰라. 두리안도 냄새가 지독하지만, 과일의 황제라고 하잖아."

"저걸 입에 대는 순간, 네 입에서는 영원히 지옥의 시궁창 냄새가 날 거야!"

"누나, 가시는 곰돌이 야자수만 있는 게 아니야. 장미도 자신을 보호하려고 가시를 달고 있어. 그렇다고 장미를 나쁜 식물이라고 하지는 않잖아."

"역시 너무식! 기상천외한 해석! 너야말로 돌연변이!"

누나가 어이가 없다면서 소파에서 일어났다 앉기를 반복했다. 베란다의 빈 화분을 노려보며 누나는 이를 갈았다.

"열대어까지 잡아먹은 곰돌이를 편들어 주지 마! 길거리에서 노숙자 아니 노숙 나무로 살든 하겠지. 배고프면 비둘기라도 잡아먹을 거고! 은혜를 원수로 갚는 나쁜 곰돌이야!"

아빠는 부서진 대문을 삽으로 단단히 잠갔다.

안심해 앵커의 뉴스 속보가 일요일 아침을 열었다.

"하마리 유전 공학 연구소에서 곰돌이 야자수를 한꺼번에 소멸시킬 해결법이 완성 단계에 이르렀다고 합니다. 이번 사고의 원인은 곰돌이 야자수가 일으킨 예측 불가능한 돌연변이로 밝혀졌습니다. 이와 관련해 하마리 박사는 곰돌이 야자수를 개발한 연구소를 대표해 국민 여러분께 사과한다고 전했습니다."

"역시 그럴 줄 알았어. 노벨상 후보에 오른 하마리 박사님이 가만있을 리 없잖아."

아빠는 미소를 지었고, 엄마가 다행이라며 손뼉을 쳤다.

하마리 박사를 만난 후, 우리 가족은 하마리 박사의 열혈 팬이 되었다.

하마리 박사는 여전히 돌연변이를 만든 신풍귀의 정체를 밝히지 않았다. 나도 하마리 박사와의 약속 때문에 신풍귀가 저지른 일을 비밀로 묻어 둔 채다.

곰돌이 야자수를 물리칠 초능력이 나오지 않아 깻잎을 씹으며 고심하던 차에, 하마리 박사에게 전화가 걸려 왔다.

"유식 군, 곰돌이 야자수 이야기는 아무에게도 안 했지?"

"네. 물론입니다."

"며칠 밤을 새워 드디어 곰돌이 야자수를 해결할 무기를 만들었어. 이 무기가 모든 혼란을 잠재울 거야."

전화를 끊자마자 인터폰이 울렸다. 검은 양복 차림에 검은 선글라스까지 낀 건장한 남자가 경찰관과 함께 현관 앞에 서 있었다.

"무슨 일이지? 사건이 일어났나?"

"우리 집에서 키우던 곰돌이 야자수가 사고를 쳤나 봐요!"

누나의 예상은 틀렸다. 검은 양복의 남자는 하마리 유전 공학 연구소에서 보낸 경호원이었다.

"안전하게 연구소로 모시라는 하마리 박사님의 지시를 받았습니다."

"모셔요? 우리를?"

우리 가족은 모두 놀랐다.

"아니요. 나유식 군만요. 지금 경계 위험 단계라서 저희가 직접 왔습니다."

우리 가족은 또 한 번 놀라며 나를 바라봤다.

아빠는 무슨 일이냐고 물었고, 엄마는 혼자 가도 되겠느냐며 걱정했다. 누나는 묻지도 않았는데 보호자로 따라가겠다며 언제 감았는지 모를 머리를 감으러 욕실로 들어갔다.

"하마리 박사님께서 유식 군에게 특별히 할 이야기가 있으니, 유식 군만 와 달라고 하셨습니다."

경호원 아저씨가 정중하게 설명했다.

태어나서 이렇게 특별한 대우를 받는 것은 처음이다. 기분이 좋은 건지, 의심스러운 건지, 간지러운 건지, 당황스러운 건지 알 수 없었다.

"유식아 조심해. 곰돌이 야자수가 공격할지 몰라."

엄마의 표정에 걱정이 가득했다.

"염려하지 마십시오. 경찰의 협조를 받아 안전하게 이동하겠습니다."

그렇게 나는 하마리 유전 공학 연구소로 향했다.

차창 너머로 텅 빈 거리와 가로수들이 휙휙 지나갔다. 언뜻언뜻 심각하게 굳은 내 얼굴도 비쳤다.

아인슈타인 박사가 말을 건넸다.

"이 세상 사람들 아무도 모르는 진실을 너만 알고 있다고 상상해 봐."

"네?"

"그런데 그 진실을 세상에 알리는 순간, 세상 사람들이 불행해진다면 어떻게 해야 할까? 세상에 진실을 알리는 선택과 거짓으로 덮어 둔 채 그냥 지내는 선택이 있어."

"그런 질문을 왜 하시는 거예요? 너무 어려운데……. 아재님은 어떻게 하실 건데요?"

"……."

"그거 봐요. 아재님도 대답하지 못할 정도로 어려운 문제면서……."

괜히 멋쩍어서 헤헤헤 웃었다. 하지만 아인슈타인 박사는 웃지 않았다. 미간을 찌푸린 채 골똘히 생각에 잠겨 있을 뿐이었다.

운전하던 경찰관과 조수석의 경호원이 뒷자리에 앉은 나를 힐끔 보며 머리를 갸우뚱했다. 혼자 떠들고, 웃고, 중얼거리는 내 모습에 놀란 모양이다.

무전을 통해 곰돌이 야자수가 없는 위치를 확인하며 유전 공학 연구소까지 안전하게 도착했다. 곳곳에 통제된 길을 돌아서 오느라 평소보다 두 배는 더 걸렸다.

하마리 박사가 만든 새로운 무기는 대체 무엇일까? 궁금해서 견딜 수 없었다.

"끼이이아아아악!"

유전 공학 연구소 복도에 동물이 울부짖는 날카로운 소리가 길게 울려 퍼졌다. 태어나서 처음 들어 보는 소리였다.

"유식 군, 어서 와!"

하마리 박사에게는 여전히 신비한 아름다움이 느껴졌다. 하마리 박사는 내가 곰돌이의 유전자 정보를 분석한 과학 영재라며 추켜세웠다. 너무식이라는 별명에 어울리지 않는 칭찬에, 기분이 우쭐했다.

"박사님, 왜 아직도 신풍귀가 저지른 짓이라고 밝히지 않으세요? 범인을 잡아야지요."

조심스럽게 묻자, 하마리 박사는 미소를 지으며 대답했다.

"오늘 모든 걸 발표할 거야. 그래서 기자 회견을 준비했지. 그동안 신풍귀의 음모를 모조리 밝혀냈어. 유식 군, 비밀을 끝까지 지켜 줘서 고마워."

하마리 박사는 내 어깨를 토닥였다. 어쩐지 의심스러운 느낌이 지워지지 않았다.

기자 회견 준비로 하마리 박사가 자리를 비우고, 나는 혼자 연구실에 남아 째깍째깍 돌아가는 벽시계 초침을 바라봤다.

'과연 신풍귀의 음모는 무엇이었을까? 그런데 범인이 신풍귀인 건 진작 알았는데, 이렇게 시간을 끌 필요가 있었을까?'

의심은 계속 꼬리에 꼬리를 물었다.

'설마 도시가 파괴될 때까지 일부러 기다린 건 아니겠지? 그동안 또 어떤 실험을 했을까?'

나는 머리를 흔들었다. 아니다, 아닐 것이다, 하마리 박사가 그런 짓을 할 리가 없다고 중얼거렸다.

"끼아아! 끼이이아아아아!"

또다시 귀가 찢어질 듯한 날카로운 동물의 울음소리가 울려 퍼졌다. 연구소 안에 무시무시한 동물이 있는 것 같았다. 궁금한 마음에 복도로 나와 보았다. 울부짖는 소리가 다시 들려왔다. 소리를 따라 긴 복도를 걸어갔다.

기자 회견 때문인지 연구소를 지키는 경호원도, 연구원들도 보이지 않았다.

살짝 열린 문틈 사이로 뭔가 보였다. 철창에 갇힌 거대한 초록빛 생명체!

"공룡이잖아!"

내가 한 말이 아니다. 나보다 더 놀란 아인슈타인 박사의 외침이었다.

거대한 공룡이 날카로운 이빨로 고기를 물어뜯고 있었다. 공룡은 등부터 꼬리까지 얼룩말 같은 무늬가 있었고, 몸집에 비해 짧은 앞발에 바짝 세운 발톱이 날카로워 보였다.

"타르보사우루스야. 백악기 아시아 지역에 살던 흉포한 육식 공룡이라고!"

아인슈타인 박사의 목소리가 떨렸다.

감탄을 터트리며 나도 모르게 철창 가까이 다가갔다. 발걸음 소리를 들었는지 타르보사우루스가 흠칫 내 쪽을 노려봤다. 온몸이 얼어붙는 것 같았다.

그 순간, 타르보사우루스가 나를 향해 돌격해 왔다. 나는 얼음처럼 굳어져 꼼짝하지 못했다.

카아악!

타르보사우루스의 날카로운 이빨이 코앞까지 바짝 다가왔고 나는 그만 눈을 질끈 감아 버렸다.

쿠왕! 철컥철컥.

다행히 쇠사슬이 타르보사우루스의 발목을 잡았다.

"유식아, 네 머리가 3초 전에 타르보사우루스의 간식이 될 뻔했어. 너 때문에 나까지 먹힐 뻔했다고!"

"아, 아, 아, 알아요."

나는 공포에 질려 얼른 실험실을 빠져 나왔다. 방금 내 눈으로 직접 봤는데도, 내 눈이 의심스러웠다.

"하마리 박사님이 타임머신을 만든 걸까요?"

"거대한 공룡을 데려오려면 엄청나게 큰 타임머신이겠군."

아인슈타인 박사는 정확한 답변을 하지 않았다.

그때 경호원이 다가와 기자 회견 준비를 마쳤으니 회견장으로 가자며 나를 안내했다.

찰칵, 찰칵, 찰칵…….

하마리 박사가 기자 회견장에 나타났을 때 셔터 누르는 소리와 함께 플래시가 펑펑 터졌다. 하마리 박사는 우아하고 자신감 넘치는 태도로 기자들 앞에 섰다. 천재 과학자의 기운이 그대로 느껴졌다.

먼저 하마리 박사는 방송국 카메라들을 향해 허리를 숙이며 정중하게 사과했다.

"곰돌이 야자수가 돌연변이를 일으킨 것은, 연구소의 수석 연구원 신풍귀 박사 때문입니다. 그동안 신풍귀 박사는 연구소에서 제 연구를 도우며 저를 성실하게 보조한다고 생각했지만, 뜻밖에도 나쁜 마음을 먹은 모양입니다. 지금 도주 중인 신풍귀 박사를 추적하고 있으니 곧 검거될 것입니다."

예상하지 못한 이야기에 기자들이 당황해서 웅성거렸다.

잠시나마 하마리 박사를 의심했던 걸 후회했다. 역시 하마리 박사는 유전 공학과 생명 공학으로 세계를 구할 위대한 천재가 틀림없다.

"돌연변이 곰돌이 야자수 문제의 해결책을 개발한다고 하셨는데, 언제 완성됩니까?"

기자의 질문에 하마리 박사는 기다렸다는 듯이 답변을 이어 나갔다.

"이미 완성했습니다!"

하마리 박사가 붉은 버튼을 누르자, 장막이 걷히고 거대한 유리 공간이 나타났다. 어둠 속에서 뭔가 꿈틀거렸다. 무기는 살아있었다. 순간 환한 조명이 켜지며, 처음 보는 괴생명체가 모습을 드러냈다.

"우우우우!"

충격과 공포, 놀라움이 뒤섞인 감탄이 기자 회견장에서 울려 퍼졌다. 하마리 박사는 잠시 목소리를 가다듬고는 크게 소리쳤다.

"유전자 조작으로 만들어 낸 돌연변이! 키메라입니다!"

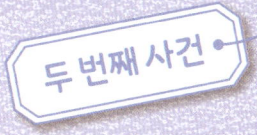

두 번째 사건

# 빨간 내복 VS 신퉁궈 박사

**키메라는** 생김새부터 기괴했다. 아인슈타인 박사는 키메라가 그리스 신화에도 나오는 괴물이라고 했다.

"불길하군. 키메라는 엄청난 폭풍우나 화산 폭발 같은 재난을 예고하거든."

푸드덕, 푸드덕.

키메라 무리가 유리 공간 속에서 날갯짓했다. 독수리처럼 큰 날개가 있지만 새는 아니고, 갈라파고스 육지 거북과 목도리도마뱀 같은 동물의 유전자가 섞인 돌연변이 동물이었다.

"여러 가지 동물에서 필요한 유전자를 모으고 편집해 완성했습니다. 키메라를 이용해 곰돌이 야자수를 24시간 안에 모조리 없앨 겁니다."

하마리 박사가 파란 버튼을 눌렀다. 키메라들이 날개를 펼

치더니 하늘 위로 훨훨 날아갔다.

웡웡, 웡웡.

수백 대의 촬영 드론도 일사불란하게 날아오르며 키메라 무리의 뒤를 따랐다. 회견장에 설치된 대형 모니터를 통해 키메라들의 모습이 전해졌다.

키메라 무리는 곰돌이 야자수가 모인 광장에 도착했다. 도시 곳곳의 CCTV와 드론을 이용해 곰돌이 야자수가 어디에 있는지 미리 파악해 두었다고 하마리 박사는 설명했다.

휙휙, 휙휙휙.

곰돌이 야자수는 키메라를 향해 야자열매를 던지고 가시를 쏘아 댔다. 그러나 키메라는 단단한 등껍질 덕분에 어떤 공격에도 끄떡없었다.

우걱, 우걱, 쩝쩝쩝.

키메라들은 곰돌이 야자수를 붙잡아 먹어 치우기 시작했다. 마치 풀을 뜯어 먹는 거북이 같았다. 곰돌이 야자수는 속수무책으로 당했고, 얼핏 키메라가 악당처럼 보이기도 했다.

그때 건물 뒤쪽에 숨어 있다가 도망치는 곰돌이 야자수가 화면에 잡혔다. 가지 끝에 달린 리본을 보니 우리 집에서 키우던 곰돌이 야자수가 분명했다.

"어서 도망쳐!"

내가 소리쳤다.

"어서 공격해!"

기자들과 연구원들이 소리쳤다.

카악! 퉤!

키메라가 입으로 타액을 내뿜었고, 곰돌이는 꼼짝없이 붙

잡히고 말았다.

우걱우걱, 쩝쩝쩝.

나는 눈을 질끈 감았지만 곰돌이 야자수가 뜯어 먹히는 소리가 생생하게 들렸다. 사람들은 푸하하, 손가락질까지 하며 곰돌이 야자수를 비웃었다. 눈물이 날 것 같았다.

한쪽 구석으로 가 엄마에게 전화를 걸었다. 가족 모두 생방송으로 곰돌이 야자수가 죽어 가는 모습을 지켜보고 있었다.

"엄마, 우리 집 곰돌이 야자수가 그만…… 흑흑."

"이겨라! 키메라! 무찔러라! 곰돌이 야자수!"

전화기 너머로 아빠와 누나의 응원 소리가 들렸다. 갑자기 눈물이 솟구쳤다.

"유식아, 우는 거야? 왜?"

엄마가 물었다.

"몰라. 자꾸 눈물이 나."

내 마음을 알아주는 건 엄마뿐이다. 곰돌이 야자수가 죽는 건 어쩔 수 없는 일이니 너무 슬퍼하지 말라고 위로해 주었다.

하마리 박사의 설명대로 키메라 무리는 야자수를 남김없이 먹어 치웠다. 도시는 원래의 평화를 되찾았다. 곰돌이 야자수는 인간이 자기 마음대로 유전자를 조작해서 만들어 낸 생명체다. 그리고 인간의 뜻대로 되지 않는다는 이유로 멸종되었다. 어쩌면 인간의 잘못은 아닐까. 그런데 왜 아무도 곰돌이 야자수에게 사과하지 않을까?

잘 가 곰돌아, 하고 마음속으로 기도했다. 다음 생에는 사랑받는 식물로 태어나길 빌어 주었다.

"임무를 마친 키메라는 어떻게 되나요?"

기자들이 질문하자 하마리 박사는 파란색 약물이 담긴 병을 들어 보였다.

"키메라는 특수한 약물에 약하게 만들었습니다. 이 약물이 키메라 몸에 닿으면 키메라는 녹아서 흔적 없이 사라질 것입니다. 이미 약물을 채운 소방차들이 도시 곳곳에 대기하고 있습니다. 물론 키메라가 아닌 생물에게는 안전한 약물이니 걱정하지 마세요."

"하마리! 하마리! 노벨상 후보 하마리!"
텔레비전과 인터넷, SNS까지 온종일 하마리 박사 이야기뿐이다. 하마리 박사는 위기에 빠진 세상을 구한 영웅이 되었다.
광장으로 쏟아져 나온 사람들은 감격의 눈물을 흘렸다.
"하마리 박사님 덕분에 우리가 위기에서 벗어날 수 있었네요! 하마리 박사님 최고!"

사람들은 유전 공학의 위대함에 감탄하고 하마리 박사를 응원했다. 모두들 하마리 박사를 눈부신 태양처럼 우러러보는 느낌이었다.

우리 가족도 마찬가지였다.

"만약 하마리 박사가 없었다면 어떻게 되었을까?"

"박사님은 정말 대단해. 올해 노벨상은 따 놓은 거나 마찬가지겠어!"

"미리 사인이라도 받아 놓아야 하는 거 아닐까요?"

우리 가족이 누군가를 이렇게 침이 마르도록 칭찬하는 걸 들어 본 적이 없다.

"애초에 하마리 박사님이 만든 사고인데……." 하고 중얼거려 보았지만, 모두 내 말은 무시했다.


"아재님, 뭔가 영화 같지 않아요?"

내 방에 누워 천장을 바라보다가 아인슈타인 박사에게 말을 걸었다.

"영화라니?"

"악당은 신풍귀, 영웅은 하마리. 위기에 빠진 세계를 구하다! 한 편의 영화 같잖아요."

"그럴싸하네. 그러니까 모든 게 하마리 박사가 꾸민 각본이라는 말이야?"

"그럴 리가요. 어떻게 하마리 박사님을 의심하겠어요. 블록버스터 영화처럼 무시무시한 위기가 닥쳤다가 금세 해결되니 신기하다는 거죠. 전 엉뚱한 생각을 잘하잖아요. 하하핫!"

나는 대충 얼버무렸다.

"아참, 그런데 아재님!"

나는 침대에서 벌떡 일어났다.

"연구소에서 본 타르보사우루스 있잖아요. 아직도 꿈같아요. 어떻게 수천만 년 전에 멸종한 공룡을 다시 살아나게 한 걸까요? 그 공룡, 진짜일까요?"

"그건 진짜야." 하고 아인슈타인 박사가 대답했다.

"연구소에 다녀온 그날, 네가 잠든 사이에 밤새도록 인터넷으로 여러 나라의 네트워크 시스템에 접속해 수많은 기밀 자료를 확인했지. 하마리 박사는 모기 화석을 이용해서 공룡을 부활시켰어."

"모기요? 피 빨아 먹는 얄미운 모기 말인가요?"

아인슈타인 박사는 내 머릿속에서 상상의 장면을 연출했다.

아재님은 어려운 과학 이야기도 재미있게 해 준다.

며칠 뒤, 하마리 연구소 경호원 아저씨가 다시 우리 집을 찾았다. 가족 모두 놀라움과 감격이 뒤섞인 표정이었다.

며칠 사이에 하마리 박사는 인기가 하늘을 찌를 듯했다. 우리나라를 구한 천재 영웅이 되었으니까. 그런 하마리 박사가 나를 찾다니 놀라는 것도 당연했다.

"하마리 박사님이 왜 자꾸 유식이를 찾는 건가요?"

두 손을 공손하게 모으고 아빠가 물었다.

"유식아, 너 또 사고 쳤니?"

누나는 의심스러운 눈길로 나를 노려봤다.

"아니야, 우리 유식이가 똑똑해서 그럴 거야. 어쩌면 하마리 박사님이 후계자로 유식이를 선택한 게 아닐까? 드디어 유식이의 천재성이 빛을 보는구나. 엄마는 그럴 줄 알았어."

엄마는 떨리는 목소리로 말했다.

"유식아, 하마리 박사님을 만나면 눈썹이 나는 생명 공학 기술도 있는지 물어봐 줘. 누나는 눈썹 나는 게 소원이야."

"유식아, 그보다 머리카락이 나는 약을 물어봐 줘. 머리카락이 나는 약이라면 10년 연속 노벨상도 문제없다고."

누나와 아빠가 호들갑스럽게 파이팅을 외쳤다. 마치 큰 상을 받으러 가는 기분이다. 사실을 밝히면 가족 모두 실망할 것

### 초능력자의 과학수첩

## 오랜 옛날에 살던 생물을 연구하는 방법?

화석을 연구하면 돼! 죽은 생물이나 발자국, 배설물 등이 호수나 강 밑바닥에 묻히고 그 퇴적물이 쌓이고 굳어져 지층을 이룬 것을 화석이라고 해. 지질시대의 흔적을 간직한 화석 연구로 고생물이 어떤 모습인지, 어떤 자연환경에서 어떻게 살았는지 알 수 있어.

동식물의 사체가 퇴적된다.

지층을 이루며 굳어진다.

오랜 시간이 지나 화석이 발견된다.

같아서 빙긋 웃어 보이고 하마리 박사가 보낸 차를 탔다.

어젯밤 하마리 연구소에서 문자를 받았다.

상품도 궁금했지만, 그보다 공룡을 한 번 더 보고 싶다는 마음이 더 컸다.

'공룡들이 다시 살아난다면, 어디에 살아야 할까? 엄청나게 많이 먹고 엄청나게 많이 쌀 텐데, 그 똥은 누가 치우지?'

차를 타고 가며 온갖 상상을 했다.

'앞으로 강아지처럼 공룡을 키우게 될까? 육식 공룡은 무서우니까 초식 공룡을 키우고 싶다. 공룡을 타고 학교에 가면 얼마나 좋을까? 너무 커지면 어떻게 하지? 브라키오사우루스의 목이 지붕을 뚫고 올라가면 어쩌지?'

상상만으로도 킥킥 웃음이 났다. 경호원 아저씨가 나를 힐끔 보더니 고개를 갸우뚱했다. '지난번에도 저러더니 또 저러네. 정신이 이상한 애가 확실해.' 하는 표정이었다.

연구소 주변에 여기저기 걸린 플래카드가 바람에 흔들렸다.

---

### 우리의 구세주, 과학의 신
### 하마리 박사님의 노벨상 수상 기원
-하마리 팬 카페 하리하리 일동-

---

"구세주가 무슨 뜻이에요?"

나는 과학 지식은 많이 알지만, 어려운 낱말은 잘 모른다.

"세상을 구원할 사람이란 뜻이지. 예수님, 부처님 같은 분들 말이야." 하고 운전대를 잡은 경호원 아저씨가 씩 웃으며 대답했다.

하마리 박사의 인기는 상상 이상이었다.

연구소 앞에는 몸이 불편한지 휠체어를 타거나 환자복 차림의 사람들도 보였다.

"저기 몸이 불편한 분들은 왜 모여 있어요?" 하고 물었다.

"현대 의학이 고치지 못하는 불치병이나 유전병을 앓는 사람들은 특히 하마리 박사님에게 열광하고 있어. 유전 공학과 생명 공학으로 건강해질 수 있다고 믿고 찾아오는 거란다."

경호원 아저씨는 쌀쌀맞은 인상과 다르게 친절한 목소리로 다시 설명해 주었다.

"과학의 신이라니. 쯧쯧, 과학을 종교처럼 맹신하면 위험해. 과학은 의심을 먹고 자라야 한다고!"

아인슈타인 박사는 못마땅해서 혀를 찼다. 아재님의 말을 이해하기 좀 어려웠지만, 지금은 바빠서 물어볼 수 없었다.

연구소 내부는 지난번에 방문했을 때보다 훨씬 활기차 보였다. 하얀 가운을 입은 연구원들이 바쁘게 움직였다. 하마리 박사의 연구실로 가면서 이쪽저쪽 두리번거렸다. 공룡 소리가 들리는지 귀를 쫑긋 세워도 보았다. 하지만 공룡의 흔적도 소리도 찾을 수 없었다.

나는 연구실 소파에서 우유를 마시며 하마리 박사를 기다렸다. 양쪽 벽에 외국어로 된 전문 과학책이 가득했다. 과학의 신은 어떤 책을 볼까? 나는 이 책 저 책 뒤적여 보았다. 역시 검은 건 글씨고, 하얀 건 종이일 뿐이다. 그때 사진 한 장이 툭 떨어졌다.

"이건…… 루나잖아?"

하마리 박사가 루나의 팬이었나? 귀퉁이가 닳은 사진 속 루나는 놀이공원에서 환하게 웃고 있었다. 그런데 요즘 놀이공원 같지 않았다. 어쩐지 옛날 분위기다. 사진에 적힌 날짜는 1987년 7월 28일. 무려 35년 전이다.

"아재님, 진짜 옛날 사진 같아요. 루나가 시간 여행을 간 걸까요? 공룡도 과거에서 데려오고, 혹시 정말로 연구소 어딘가

에 타임머신이라도 있는 걸까요? 하하하!"

내가 생각해도 말도 안 되는 이야기다. 기념으로 루나의 사진을 스마트폰으로 찍고는 원래 자리에 넣어 두었다.

"안심하렴. 현재의 과학 수준으로 타임머신은 불가능해. 더구나 과학적으로 미래로 갈 수 있지만, 과거로 갈 수는 없어. 그러니까 네 상상은 불가능……."

"아, 루나는 영화배우잖아요. 아마 35년 전을 배경으로 영화를 촬영하나 봐요. 괜한 오해를 했네. 시간 여행자라니!"

"글쎄다……."

그때 삐빅 하고 도어락이 열리는 소리와 함께 하마리 박사가 들어왔다.

하마리 박사의 얼굴은 여전히 아름답고 지혜로워 보였다. 부드러운 미소에서는 자신감이 느껴졌다.

"유식 군, 실험에 참여해 줘서 고마워. 곰돌이 야자수와 신풍귀의 비밀을 끝까지 지켜 줘서 고맙고."

하마리 박사는 내가 곰돌이 야자수의 유전자 정보를 알아챈 게 놀랍다고 칭찬했다.

"역시 유식 군은 과학 꿈나무야. 내가 어렸을 때보다 훨씬 똑똑한 거 같아."

"제가요? 그럴 리가요. 제 별명은 너무식이에요. 사실 전 아는 게 많지만, 제가 아는 건 교과서에 안 나와요. 참 이상해요. 그래서 교실에서는 칭찬을 못 받았어요."

기분이 좋아져서 말이 많아졌다. 노벨상 후보자가 하는 칭찬이라니. 나를 너무식이라고 놀리는 친구들이 이 상황을 봐야 하는데.

"궁금한 게 있는데 물어봐도 될까요?"

"무엇이든!"

"지난주 기자 회견 때 연구소를 방문한 날이요. 우연히 타로 아니 타보로 아니…… 뭐더라?"

"타르보사우루스, 공룡 말이구나."

"네, 맞아요. 길을 잘못 들어서 우연히 보게 됐어요. 정말이에요."

하마리 박사는 살짝 고개를 끄덕였다.

"공룡이 신기했지? 그 공룡이 궁금하구나?"

나는 사실은 그 공룡이 보고 싶어서 다시 찾아왔다고 솔직하게 말했다. 하마리 박사의 얼굴이 살짝 어두워졌다.

"안타깝게도, 그 공룡은 어젯밤에 늙어 죽었단다."

나는 놀라서 눈이 커졌다.

"늙어서요? 지난주에 봤을 때 건강해 보였는걸요?"

하마리 박사는 굳어진 얼굴로 천장을 올려다보았다.

"유전자 조작으로 만든 공룡이라서 완벽하지 않아. 어쩔 수 없는 부작용이 생겼지. 조로증이라고 들어 봤니?"

조로증이라니, 졸업하는 증명서 같은 걸까? 나는 대답 대신 눈만 껌뻑였다.

"조로증은 굉장히 빨리 늙어 버리는 병이야. 유전자 조작으로 태어난 동물 무척 안타까운 일이야. 대부분은 조로증 유전병을 앓고 있단다."

하마리 박사는 모니터를 통해 실험실에서 생활하는 침팬지의 모습을 보여 주었다.

"저 침팬지는 왓슨 아닌가요? X-인류 유전자를 가졌다는 천재 침팬지……."

나는 한눈에 알아봤다.

왓슨의 천재적인 지능 때문에 대학 입시 경쟁이 치열해질 거라면서 누나는 침팬지의 대학 입학 반대 단체를 만들겠다고 했다. 그런데…….

"어쩐지 많이 아파 보여요."

왓슨은 털이 하얗게 변해 숭숭 빠지고, 허리가 굽었고, 얼굴에 주름이 가득했다. 움직일 때마다 아픈지 잘 걷지 못하고, 바들바들 몸을 떨었다.

"지금은 조로증 때문에 늙어 죽기 직전이야. 사람으로 따지면 신체 나이가 150살이지."

하마리 박사는 한참을 아무 말 없이 왓슨을 바라보다가 다시 입을 열었다.

"정상적인 생물은 성장 과정에서 세포가 두 개로 분열하면서 늘어나. 세포가 두 개로 분열할 때에는 그 안에 있는 DNA도 두 개로 복제되지. 아직 분명한 원인을 밝혀내지 못하고 있

지만, 조로증은 세포 분열이 제대로 이루어지지 못하기 때문에 비정상적으로 빠르게 노화가 진행되는 질병이란다. 물론 그만큼 죽음도 빨리 찾아오지."

'세포 분열…… DNA 복제…….' 하고 나는 잊지 않으려고 몇 번이고 되뇌었다.

"조로증에 걸리면 몇 살까지 살 수 있나요?"

"으흠, 조로증에 걸린 사람은 거의 10대에 늙어 죽고 말지."

하마리 박사는 커피잔에 뜨거운 커피를 따르며 말했다. 목소리는 부드러웠지만 표정은 어두웠다.

"사람들은 내가 어떤 문제든 해결할 과학자라고 하지만, 사실 나는 부족해. 유전자 조작으로 새로운 생명체를 만들지만, 그 생명체들은 짧으면 며칠, 길어야 몇 개월밖에 살지 못해. 가장 오래 사는 생명체가 조로증 없이 10년째 살고 있지."

10년을 사는 생명체? 그건 무엇일까?

"박사님, 유전자 가위로 조로증 치료제로 만들 수 있겠죠?"

"그래, 나도 연구하고 있어. 언젠가는 꼭 DNA 복제에도 성공할 거란다."

하마리 박사는 '성공'이라는 단어에 힘을 주어 말했다. 하마리 박사의 말은 이상하리만치 믿음을 불러일으키는 힘이 있다. 나도 하마리 박사가 언젠가 완벽하게 DNA 복제에 성공할 거라고 믿는다.

"아, 물론 사람을 복제하지는 않을 거야. 사람을 복제하는 것은 불법이란다."

하마리 박사는 다시 입가에 부드러운 미소를 머금었다.

왓슨이 CCTV를 향해 손짓하는 모습이 보였다.

"수화하는 것 같아요. 무슨 말일까요?"

"……살고 싶다는구나."

"왓슨이 조금만 더 건강하게 살 수 있으면 좋겠어요. 박사님 저…… 그런데 유전자 조작을 왜 하는 거예요? 과학으로 새로운 생명체를 만드는 건 너무 위험한 거 같아요. 곰돌이 야자수도 그랬고……."

"다 인류를 위해서지."

하마리 박사는 유전자 편집 기술을 잘못 사용하면 위험하지만, 인류를 위해 제대로 사용하면 그럴 일은 없다고 했다.

"유전자 가위는 신의 도구야. 치료가 어려운 질병을 해결할 열쇠라고."

하마리 박사는 사진을 보여 주면서 설명했다.

"혈우병, 온갖 유전병, 암 등 인류를 괴롭히는 질병은 너무나 많아. 사람이 태어나기 전에 이런 질병을 일으킬 나쁜 유전자를 찾아서 유전자 가위를 이용해 제거해 버리는 거야. 그러면 질병의 위험에서 벗어나게 되겠지."

하마리 박사는 비만이나 대머리도 유전자 교정법으로 해결할 수 있다고 했다.

"와! 그럼 눈썹은요? 누나랑 아빠가 무척 좋아하겠어요!"

"당연히 눈썹도 날 수 있지. 그것뿐이 아니야. 유전자 교정 기술로 각종 세균과 바이러스로 감염되는 질병에도 면역을 만들 수 있어. 그럼 전염병도 사라지겠지. 또 지금 지구에는 많은 사람이 식량 부족으로 굶주림에 시달리고 있어. 유전자 교정으로 우수한 품종의 곡물 종자를 개량하면 더 많은 곡식을 수확할 수 있어."

설명을 듣는 동안 내 눈이 반짝거렸다. 새로운 세상이 열리는 느낌이 들었다.

신의 도구, 유전자 가위! 천송이 의사에게 들었던 기억이 떠올랐다. 유전자 가위는 실제로 가위처럼 생긴 게 아니라, 특정 유전자에만 결합하는 효소를 사용해서 유전자 일부를 잘라 내고 교정하는 기술이라고 했다.

갑자기 머릿속에 회오리바람이 일고, 번개가 치는 듯 눈앞

에 섬광이 일렁거린다.

이것은 초능력이다! 초능력이 온다!

과학 원리를 깨달으면 그 깨달음이 초능력으로 나타난다!

오랜만에 느끼는 감정이었다. 하지만 여기서는 안 된다. 나는 초능력 에너지가 몸 밖으로 터져 나오지 않도록 하려고 두 주먹을 꼭 쥐었다.

"왜 그러니? 땀을 너무 많이 흘리네?"

"조금 더워서 그런가 봐요."

"DNA를 채취한다니까 긴장했구나. 걱정하지 않아도 된단다. 간단하게 끝날 거야."

하마리 박사는 에어컨을 켜 주었다. 찬 바람에 초능력 에너지는 잠들었다. 하지만 나는 과학의 원리를 잊지 않고 온몸으로 기억하기 위해 정신을 바짝 차렸다.

"자, 그러면 우리 나유식 군의 DNA를 채취해 볼까?"

하마리 박사는 물이 든 컵을 내밀며 웃었다.

나는 하마리 박사의 설명에 따라 입안을 물로 가볍게 헹구고 시험관에 뱉었다. 하마리 박사는 내가 뱉은 물에 약품을 섞어 10초가량 위아래로 흔들었다.

"이것으로 끝! 다 됐다."

"주사는 안 맞나요? 마취는요? 면봉으로 콧구멍을 막 쑤시지는 않나요?"

"DNA 채취는 아주 간단하다고 했잖니."

하마리 박사는 물병 정도 크기의 플라스틱 기기를 가리키며 말했다.

"이건 초소형 DNA 분석 장치, 하마리랩이야."

하마리 박사는 하마리랩과 스마트폰을 무선으로 연결했다. 하마리랩에 깜박깜박 불이 들어왔다.

"DNA 샘플을 하마리랩 카트리지에 넣으면 DNA 정보를 검

출해 내지. 개별 DNA의 구조를 확인할 수 있을 뿐더러 그 결과값을 DNA 데이터베이스의 기록과 연결해 서로 같은 DNA 흔적도 찾을 수 있어."

"DNA 데이터베이스요?"

"범죄자의 DNA를 데이터베이스에 입력해서 보관하거든."

"범죄 현장에서 범인이 남긴 흔적이나 증거로 DNA를 분석하면 범인을 잡을 수 있겠네요."

"그래 맞아, 역시 똑똑하구나. 나유식 군."

하마리랩을 이용하면 신풍귀도 잡을 수 있을 것 같았다.

하마리랩의 신호음과 함께 스마트폰 화면에 막대그래프와 원그래프 등이 나타났다.

"우리 나유식 군의 유전자에는 한국인 28.53퍼센트, 중국인 13.29퍼센트, 일본인 18.16퍼센트, 몽골인 0.5퍼센트, 시베리아인 4.5퍼센트, 동남아시아인 2.8퍼센트……. 독일인 39.3퍼센트? 신기하네! 어떻게 독일인 DNA가 이렇게 많지?"

"제 조상 중에 독일인이 있는 걸까요? 그래서 제 콧구멍이 큰가 봐요."

나는 콧구멍 속에 감춰 둔 별똥별을 더 깊이 찔러 넣으며 어물쩍 넘기려고 했다.

"아, 잠시만. 이게 뭘까? 설마……, 이 독일인 유전자는 보통 독일인이 아닌 것 같구나. 잠깐 기다려 보렴."

하마리 박사는 컴퓨터로 뭔가를 찾았다. 사람들의 DNA를 분석한 자료들이 화면 가득 빠르게 넘어갔다.

"오, 서프라이즈! 정말 놀라운 사실을 발견했어!"

하마리 박사가 감탄하며 모니터를 뚫어지게 바라봤다.

"제 DNA에 공부 못하는 유전자라도 숨어 있나요?"

"공부 못하는 유전자가 아니라 역사상 최고의 천재 유전자가 발견되었어."

"네? 그럴 리가요, 제 별명은 너무식이거든요."

"잘 보렴. 여기 DNA 구조와 너의 DNA가 비슷하지? 이 DNA의 주인이 누구인지 아니?"

답은 엄마나 아빠일 텐데, 엄마와 아빠 중에 누가 더 좋은지 대답하는 것만큼 어려운 질문이다.

"알베르트 아인슈타인!"

가슴이 철렁 내려앉았다. 내 비밀이 밝혀지는 걸까?

"유식아, 아인슈타인의 뇌는 240조각으로 나누어져 연구 중이란다. 우리 연구소는 아인슈타인의 뇌 일부를 연구용으로 기증받았어. 그리고 그 뇌를 이용해 아인슈타인의 DNA를 분석했지. 그런데 아인슈타인과 너의 DNA 구조가 무척 유사해.”

어떻게 하지? 어떻게 이 위기를 벗어나야 할까? 실수로 아인슈타인의 뇌를 먹었다고 사실대로 말해야 할까? 하마리 박사가 내 뇌를 열어 보자고 하면 어쩌지?

“서…… 설마요. 그럴 리가 없어요. 우리 조상 중에 아인슈타인과 친척이 있었나 보죠. 아, 맞아요. 할아버지한테 들었던 거 같아요. 할아버지의 할머니의 할아버지의 할머니가 제주도에 살았는데 독일 사람들이 탄 배가 폭풍을 만나 난파를 당해서 독일인을 구해 주었대요. 그 독일인 이름이 하멜이라던가? 하멜이랑 할머니랑 사랑이 싹트고……. 그다음은 어린이는 아직 몰라도 된다고 했어요.”

“호호호, 그런 역사를 가졌구나.”

하마리 박사는 환하게 웃었다. 그렇게 간신히 위기를 벗어났다고 생각했다. 이제 그만 집에 가 보겠다고 일어났을 때, 하마리 박사는 한쪽 눈을 찡긋하면서 내게 바짝 다가왔다. 그리고 귓속말로 속삭였다.

“하멜은 독일인이 아니라 네덜란드인이야.”

“네? 그렇군요. 그럼 역시 우리 누나가 나더러 돌연변이라고 했는데, 역시 나는 돌연변이가 맞나 봐요. 하하하!"

식은땀이 등줄기를 타고 주르르 흘러내렸다.

아참, DNA 샘플을 채취하는 실험의 참가 상품은 하마리랩과 똑같이 생긴 물병이었다. 진짜 하마리랩이 필요했는데 어쩐지 아쉽다.

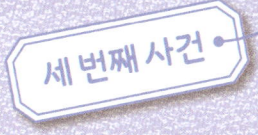
세 번째 사건

# 빨간 내복 VS 하마리 박사

"휴, 탄로 나는 줄 알았어요. 유전자의 39퍼센트라니, 너무 많은 거 아니에요?"

어쩐지 요즘 털이 많이 난다 싶었다.

"나도 가슴이 철렁 내려앉았어. 몇십 년 전에 죽은 아인슈타인의 부활에 과학계가 얼마나 놀랄까? 더구나 내가 초등학교 5학년 어린이에게 깻잎으로 약점을 잡혀 괴롭힘을 당한다고 하면 얼마나 충격이냐고?"

아인슈타인 박사는 과학자라면 나의 뇌를 해부해 보고 싶어 달려들 거라고 농담했다. 상상만 해도 끔찍했다. 앞으로 더욱 조심해야겠다고 마음먹었다.

집으로 돌아온 나는 콧구멍에 별똥별을 넣고, 인터넷으로 DNA에 관해 찾아보며 과학의 원리를 깨우치려고 했다. 꼭

DNA 초능력을 완성하고 싶었다.

복제 동물 연구에 관한 기록을 살폈다. 양이나 소를 복제하는 기술로 사람도 얼마든지 무한 리필 아니 무제한으로 복제할 수 있을 것 같았다. DNA만 있다면 말이다. 문득 하마리 박사가 나의 DNA를 어디에 쓸지 궁금해졌다.

"아재님, 내 DNA만 있으면 엄마와 아빠가 없어도 나랑 완전히 똑같은 복제 인간을 만들 수 있어요? 하마리 박사가 내 DNA로 만든 또 다른 나유식이 우리 집에 찾아오면 어떡해요?"

아인슈타인 박사는 대답 대신 드르렁 쿨, 드르렁 쿨쿨, 코를 골았다. 저렇게 곯아떨어지는 걸 보니 연구소에서 에너지를 너무 많이 썼나 보다.

고민 끝에 하마리 박사가 나를 복제하는 건 낭비라고 결론

무한의 나유식이라⋯
오~너무 별로인데?

을 내렸다. 너무식이 두 명이면 무식이 곱빼기가 될 뿐이다. 게다가 세상에는 복제하고 싶은 훌륭한 인물도 많다. 우선 하마리 박사부터 복제해야 하지 않을까? 그래야 더 많은 연구를 할 수 있을 테니까 말이다.

그때 딩동 하고 메일이 도착했다. 미래를 예언하는 주술사 노주코 밤이 오랜만에 보낸 메일이었다. 놀랍게도 한글로 쓴 메일이다.

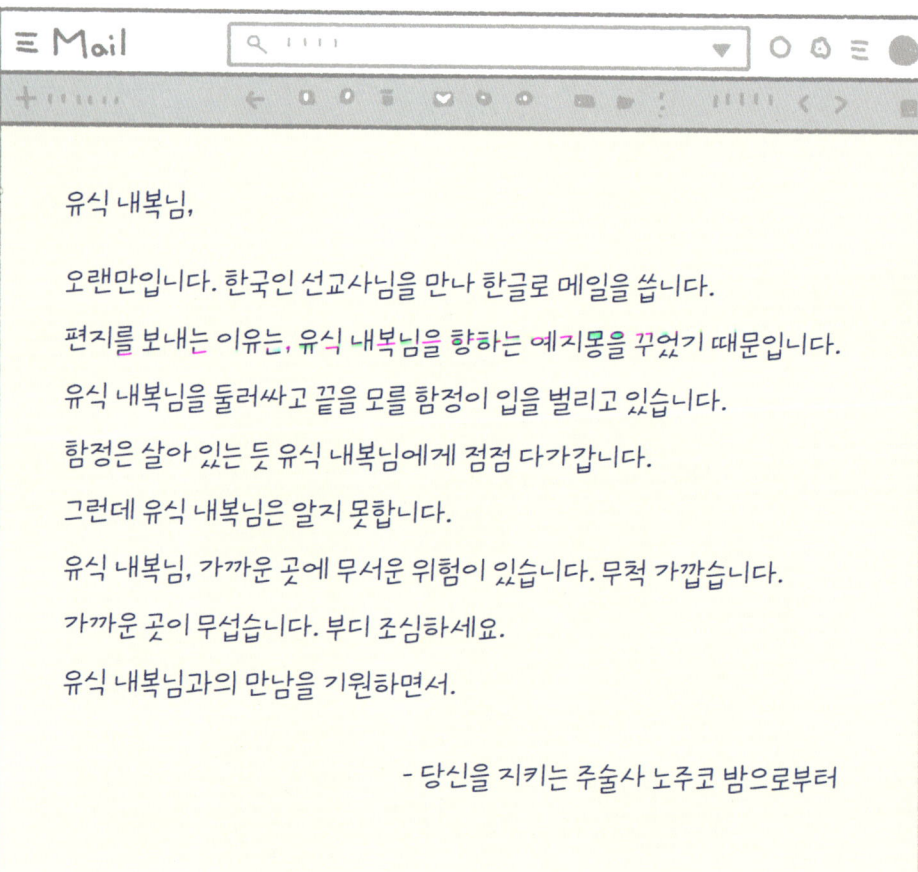

유식 내복님,

오랜만입니다. 한국인 선교사님을 만나 한글로 메일을 씁니다.
편지를 보내는 이유는, 유식 내복님을 향하는 예지몽을 꾸었기 때문입니다.
유식 내복님을 둘러싸고 끝을 모를 함정이 입을 벌리고 있습니다.
함정은 살아 있는 듯 유식 내복님에게 점점 다가갑니다.
그런데 유식 내복님은 알지 못합니다.
유식 내복님, 가까운 곳에 무서운 위험이 있습니다. 무척 가깝습니다.
가까운 곳이 무섭습니다. 부디 조심하세요.
유식 내복님과의 만남을 기원하면서.

- 당신을 지키는 주술사 노주코 밤으로부터

가까운 곳이 무섭다니! 큰 사건이 일어날 거 같은 예감이 들었다. 악당은 물론 신풍귀일 것이다. 신풍귀가 가까운 곳에서 음모를 꾸미는 게 틀림없다. 마음이 급해졌다.

초능력이 필요하다! 한번 물면 놓지 않는 사냥개처럼 과학 원리를 물고 늘어져야 한다, 유전 공학과 생명 공학이 그림 그리듯 이해되어야 한다.

번쩍! 뇌 속에서 번개가 치고 우르릉 천둥이 울린다!

또 번쩍! 막혔던 생각이 뻥 뚫린다. 폭우에 쓸려 내려가듯 온갖 쓸데없는 생각들이 사라진다. DNA 과학 원리만 머릿속 가득 차올라 보석처럼 반짝인다!

온다! 초능력이 온다! 초능려이여, 솟아라!

눈앞의 물건들에서 어떤 흔적이 형광빛으로 반짝였다. DNA다. 드디어 내가 DNA의 흔적을 보게 되었다. 누나의 DNA, 아빠의 DNA 그리고 엄마의 DNA까지……. 누나의 DNA는 엄마와 아빠의 DNA가 섞여 있다.

하루빨리 신풍귀를 잡지 않으면 또다시 돌연변이 괴생명체가 나타나 도시를 습격할지도 모른다. 초능력으로 신풍귀의 DNA를 추적해야 한다. 그런데 신풍귀의 DNA를 어디서 어떻게 구하지?

고민하고 있을 때 까옥 하고 스마트폰이 울렸다. 희주에게서 온 메시지다.

우리는 텅 빈 공원에서 만났다. 희주는 내가 빨간 내복의 초능력자라는 걸 알고 있는 유일한 친구다. 나보다 머리가 몇 배는 좋은 희주니까 신풍귀의 DNA를 구할 방법을 알려 줄지도 모른다.

그동안 겪은 수상한 사건들, 곰돌이 야자수와 공룡, 하마리 연구소에서 나의 DNA를 채취한 일까지 희주에게 숨김없이 이야기했다. 희주는 사건이 나를 따라다니는 것 같다고 했다.

"아, 맞다. 하마리 박사님 연구실에서 이걸 발견했어."

나는 스마트폰을 꺼내 사진을 보여 줬다.

"루나잖아. 하마리 박사님도 루나 팬인가? 루나 인기가 대단하구나."

"그런데 여기 사진 아래 날짜를 봐. 1987년 7월 28일."

강아지처럼 큰 희주의 두 눈이 더 커졌다.

"무려 35년 전에 찍은 사진이야. 어떻게 된 거지?"

희주는 이해가 되지 않는다는 표정으로 내 얼굴과 사진을 번갈아 바라봤다. 나는 숙제 검사를 할 때마다 인상을 쓰던 에 선생님의 목소리를 흉내 냈다.

"에, 루나는 시간 여행자였어!"

"설마! 루나가 45살이란 말이야? 우리 엄마보다 나이가 더 많다고?"

"헤헤, 당연히 아니지. 내 추리가 맞다면, 루나가 35년 전을 배경으로 영화나 광고를 촬영한 사진일 거야."

"아, 그럴 수 있겠네." 하고 대답하면서도 희주는 사진에서 눈을 떼지 못했다.

"그래도 이 사진 너무 완벽해 보여. 사진 종이도 색이 바랬잖아. 적어도 30년은 된 것처럼. 귀퉁이가 닳은 것도 옛날 사진 같아."

희주는 내 눈동자를 바라보며 진지한 얼굴로 물었다.

"유식아, 만약에 이 사진이 진짜라면 어떻게 되는 거야? 루나는 어떻게 늙지 않고 옛날 모습 그대로지?"

"늙지 않는 생명체? 흡혈귀?" 하고 흡혈귀 흉내를 냈다.

"아니야, 그건 상상에서니 나오는 괴물이고."

"복사? 계속 복사하면 늙지 않을 거 같아."

희주가 복사가 아니라 복제 인간이라고 정정해 주었다. 우리는 마주 보고 하하하, 어색하게 웃었다.

"아니겠지, 아닐 거야. 루나가 복제 인간이라니……."

"유식아, 이건 비밀로 하자. 루나는 우리나라 대표 스타인데, 헛소문이 퍼지면 어떡해. 인터넷에 불량한 댓글과 유언비어가 마구 쏟아지면서 루나를 괴롭힐 거야."

"그래, 우리가 이런 가짜 사진에 속는 바보는 아니지. 아무에게도 보여 주지 않을게."

희주는 이제 샤샤를 찾으러 가 보자고 했다.

나는 샤샤가 가지고 놀던 공과 담요를 면봉으로 문지르고는 콧구멍에 쑤셔 넣었다. 하나로는 부족할 테니 10개쯤 닦아서 양쪽 콧구멍에 넣었다. 콧구멍이 터질 것 같았다.

"무슨 짓이야?"

"나는 유전자 증폭 기계다. 나는 DNA의 흔적을 볼 수 있다……."

나는 기도하듯 중얼거렸다. 초능력이 찾아왔다! 번쩍, 번쩍, 눈동자에 하마리랩처럼 불이 들어왔다.

"뜨악! 유식아, 너 눈이 왜 그래?"

"나는 빨간 내복의 초능력자! 보인다, 샤샤의 DNA 흔적이 보인다!"

빨간 내복을 입고 초능력자로 변신한 나는 사냥개처럼 바닥 가까이 얼굴을 대고 샤샤의 DNA를 추적하기 시작했다. 희주의 집 주변 담벼락에서 시작해 벽을 껑충 넘고, 바닥을 기다가, 지붕을 타 넘었다. 완벽하지는 않지만 메뚜기 초능력과 거미 초능력도 사용했다. 희주는 더 따라오지 못했다.

하수구로 들어가 지하 터널을 따라 걷고 또 걸었다. 터널은 길고 길었다. 이러다가 바다 건너 중국까지 가는 건 아닐까 싶었다. 세 갈래의 지하 터널에서 오른쪽을 돌아 위로 올라갔다. 환풍기 터널을 따라 애벌레처럼 꿈틀꿈틀 기었다.

어느 순간, 샤샤의 DNA 흔적이 끊겼다. 그리고 환풍구 아래로 어떤 공간이 나타났다. 실험실이었다. 현미경을 비롯한 여러 실험 도구와 화학 약품, 컴퓨터 등이 보였다. 동물 실험을 하는지 강아지, 고양이, 원숭이, 흰쥐, 박쥐 등 우리에 갇힌 동물도 있었다.

"샤샤! 여기 있었구나!"

구석에 숨어 있던 샤샤를 안았다. 그런데 또 다른 샤샤가 있었다.

야옹, 야옹, 야옹, 한 마리, 두 마리, 세 마리, 네 마리…….

샤샤와 똑같이 생긴 고양이들이 우리 안에서 울어 댔다.

소름이 오소소 돋았다. 희주 생각이 틀렸다. 죽었던 샤샤가 살아 돌아온 게 아니었다.

'샤샤의 무덤이 파헤쳐진 이유를 알겠어!'

누군가 샤샤와 고양이들의 무덤을 파헤쳐 죽은 고양이들을 동물 복제 실험에 이용한 것이다.

실험실에는 샤샤뿐 아니라 많은 복제 동물이 있었다. 온갖 방법으로 유전자 조작을 해, 그 모습은 처참했다.

복제된 샤샤는 끔찍한 지옥을 탈출해서 희주네 집으로 돌아온 것이다. 진짜 샤샤가 아닌데, 어떻게 과거의 기억을 간직했을까? 뇌에 담긴 기억도 복제되는 걸까?

저벅저벅, 발걸음 소리가 났다. 샤샤를 안고 얼른 환풍구 속에 숨었다. 실험실에 들어온 사람은 놀랍게도 루나였다.

'이럴 수가!'

나도 모르게 소리를 지를 뻔했다.

'루나가 왜 여기에?'

루나가 쓰고 있던 선글라스를 벗었다. 창백한 피부, 빨갛게 충혈된 눈, 이마에 자글자글한 주름……. 지난번 선글라스로 얼굴을 가렸던 그때 그 모습이었다.

'왜 저렇게 나이가 들어 보이지? 설마 조로증인가?'

누군가 루나를 따라 들어왔다. 하얀 가운을 입은 남자가 루나에게 주사를 놓았다. 남자가 등을 돌리는 순간, 나는 또다시 입을 틀어막았다.

"으헙! 신풍귀!"

악당 신풍귀가 눈앞에 있다. 손이 덜덜 떨리고 머리카락이 쭈뼛 섰다.

'왜 루나가 신풍귀와 함께 있을까? 루나가 맞은 주사는 뭘까? 신풍귀와 루나는 무슨 사이일까?'

딸깍. 실수로 환풍기를 건드리고 말았다.

그 소리를 듣고는 신풍귀가 환풍구 쪽으로 다가왔다. 여기서 잡힐 수는 없다. 샤샤를 끌어안고 어설픈 거미 초능력으로 빠르게 뒷걸음질을 쳐 환풍기 터널을 빠져나왔다.

'경찰에 신고해야 해. 초능력자라도 이런 일은 혼자서 해결할 수 없어.'

신풍귀가 음모를 꾸미는 게 틀림없다. 그런데 루나는……? 그래. 루나는 납치된 게 분명하다. 하지만 이상했다. 루나는 신풍귀에게 고맙다고 인사도 하고 웃어 주기도 했다.

'납치가 아니라면, 신풍귀와 루나가 한패일까?'

뭐가 뭔지 알 수가 없지만, 희주가 한 말이 떠올랐다.

'루나는 우리나라 대표 스타인데, 헛소문이 퍼지면 어떡해. 인터넷에 불량한 댓글과 유언비어늘이 마구 쏟아지면서 루나를 괴롭힐 거야.'

루나가 곤란해지는 건 싫었다. 하마리 박사와 한 약속도 떠올랐다.

'유식 군, 신풍귀 행방의 실마리를 찾으면 경찰보다 먼저 내게 알려 줘. 그러면 내가 꼭 사건을 해결할게. 이건 우리 연구소의 운명이 걸린 문제야.'

하마리 박사라면 이 문제를 해결할 수 있을 것이다. 서둘러 하마리 박사에게 전화했다.

"박사님, 방금 신풍귀가…… 어디에 숨어 있는지 알게 되었어요. 비밀 실험실에서 유전자 실험을 하고 있어요."

나는 숨을 헐떡거렸고, 내 목소리는 마구 떨렸다.

"경찰에는? 유식 군, 경찰에 알렸나?"

하마리 박사도 흥분한 목소리로 물었다. 아니라고 대답하자, 하마리 박사는 한숨을 내쉬었다.

"잘했어. 신풍귀가 또 사고를 치면 우리 연구소는 위험해져. 피땀을 흘려 쌓아 올린 연구 성과가 노출되고, 명예는 바닥에 떨어질 거야. 그러면 노벨상은커녕 나도 우리 연구소도 무너지겠지. 유식 군, 고마워! 반드시 신풍귀를 잡을게."

"그런데 박사님, 루나 있잖아요. 루나도 함께 있었어요. 어떤 주사를 맞고……."

"……."

하지만 하마리 박사는 아무 말이 없었다. 하마리 박사가 못 들은 것 같아서 다시 또박또박 말했다.

"아이돌 루나요. 박사님 방에서도 루나 사진을 봤어요. 놀이공원에서 찍은 옛날 사진이요. 책 사이에 껴 있었어요."

역시 하마리 박사는 아무 대답도 하지 않았다. 그 시간이 무척 길게 느껴졌다.

"아! 루나 사진을 봤구나. 그래……. 잠깐 딴생각을 했어."

곧 신풍귀 사건을 해결하겠다는 말을 남기고 하마리 박사는 바삐 전화를 끊었다. 왜 루나에 대해 묻지도, 놀라지도 않을까? 하마리 박사는 놀랄 만큼 침착했다. 어떤 충격적인 일이 터지더라도 하마리 박사가 잘 해결해 줄 것 같았다.

내가 샤샤를 데려오자 희주는 몹시 기뻐했다. 희주에게는 진짜 샤샤가 아니라 복제 동물이란 걸 차마 말하지 못했다.

그날 밤은 잠이 오지 않았다. 나를 둘러싸고 일어난 미스터리한 사건들을 노트에 적었다.

첫째, 아인슈타인의 뇌를 가진 고양이는 뭘까?

둘째, 죽었던 샤샤가 어떻게 살아났을까?

셋째, 35년 전 사진 속 루나의 정체는?

넷째, 루나 노트의 백장미 무늬는 뭘까?

다섯째, 신풍귀와 루나는 무슨 관계일까?

여섯째, 왜 자꾸 다윈 왕이 떠오를까?

일곱째, 하마리와 루나는 왜 닮았을까?

여덟째, 노주코 밤이 경고한 위험은 뭘까?

그때 아인슈타인 박사가 물었다.

"이 세상 사람들 아무도 모르는 진실을 너만 알고 있을 때, 그 진실을 세상에 알려서 사람들이 불행해진다면 어떻게 할 거야? 진실을 알릴 거야, 아니면 거짓으로 덮어 놓은 채로 지낼 거야?"

"또 그 질문! 몰라요."

이불을 머리끝까지 덮고 나를 둘러싼 이 모든 사건이 빨리 해결되기를 바랐다.

다음 날, 학교 가는 길에 마음이 무거웠다. 빨간 눈에 주름진 얼굴의 루나 모습이 어른거렸다.

"루나를 만나면 어떻게 대하지?"

학교 앞 건널목에서 빨강 신호등을 바라보며 중얼거렸다.

"어떻게 하긴! 윙크해 줘야지."

등 뒤에서 공자가 내 어깨를 잡으며 눈을 깜박거렸다.

교실에 들어서자마자 루나의 책상으로 눈이 갔다. 다행히 비어 있었다. 루나는 촬영 일정이 바빠서 한 달에 절반 가까이 학교를 빠졌다. 오늘도 제발 학교에 오지 않기를 바랐다. 그 생각을 하는 순간…….

"안녕! 나유식!"

교실로 들어선 루나가 제일 먼저 내게 인사했다.

"우우우."

아이들이 부러움 섞인 야유를 보냈다.

루나는 곧장 내게 다가의 빙긋 웃으며 팬 서비스라도 하듯이 손을 내밀며 악수를 청했다. 하지만 그 순간 어제 일이 떠올랐고, 그만 얼음처럼 얼어 버렸다. 덜덜 떨리는 손으로 간신히 악수했다.

'왜 나한테 관심 있는 척하지? 내가 신풍귀를 뒤쫓았다는 걸 알고 있을까?'

불안한 마음 때문인지 자꾸 루나에게 눈길이 갔다.

"너무식, 왜 자꾸 루나를 기웃거리지? 루나에게 접근하지 말라고 경고했잖아."

자칭 루나 경호원인 반장 김치곤이 내 등을 쿡 찌르며 노려봤다.

루나는 평소와 다름없었다. 오히려 평소보다 더 열심히 수업을 듣고, 손을 들어 발표까지 했다. 에 선생님이 칭찬을 퍼붓고 쉬는 시간에 다른 반 아이들이 사인을 받으러 몰려드는 일들도 여전했다.

슬쩍슬쩍 루나의 모습을 살폈다. 주름살이나 빨개진 눈의 흔적은 없었다. 그러다 문득 루나와 시선이 마주쳤고, 루나는 따뜻한 미소로 웃어 보였다. 하지만 알 수 있다. 진심의 미소가 아니라는 걸. 루나가 미소 지을 때마다 무섭고 섬뜩한 느낌이 들었다.

"유식아, 그런 표정 짓지 마. 어색하고 너무 티가 나."

종일 루나의 행동을 살피는 내 모습에, 희주는 제발 평소처럼 루나를 대하라고 주의를 줬다.

'루나가 신풍귀와 같은 편일까? 신풍귀에게 약점을 잡혀서 협박당하는 건 아닐까? 위험한 주사를 맞은 건 아닐까? 아니면……'

풀리지 않는 문제들이 끊임없이 떠올랐다. 무엇보다도 루나가 신풍귀와 어울리는 이유가 가장 궁금했다.

점심시간, 모두 급식실로 향하는 틈을 타 화장실에 가는 척 교실로 돌아왔다. 아무래도 DNA 초능력을 이용해야겠다. 루나의 DNA가 있을 머리카락을 찾으려고 루나의 공책과 가방을 뒤졌다. 그러다 루나의 공책에서 백장미 무늬를 발견했다. 어디선가 본 것 같은데 기억이 나지 않았다. 가방 안에서 찾은 머리빗에 걸린 머리카락 몇 가닥을 뽑아서 조심스럽게 휴지에 감쌌다.

수업이 끝날 때까지 빨리 뉴스를 보고 싶은 마음이 간절했다. 어제 하마리 박사에게 신풍귀의 행방을 찾았다고 알렸다. 신풍귀는 잡혔을까?

수업이 끝나자마자 스마트폰으로 뉴스를 검색했다. 신풍귀를 체포했다는 뉴스는 없었다. 왜 아직도 신풍귀를 잡지 못하는 건지 이상했다.

"흐읍! 합!"

집으로 돌아와 DNA 추적 초능력으로 루나의 머리카락에 있는 DNA를 분석하려고 시도했다. 하지만 나의 초능력으로는 부족해도 한참 부족했다. 나의 초능력은 DNA의 흔적을 보기만 할 뿐, 그 DNA 정보를 분석하지는 못했다.

밤이 깊도록 신풍귀 체포 소식은 없었다. 하마리 박사와 신풍귀, 그리고 루니까지⋯⋯. 도대체 무슨 관계일까?

가족 모두 잠든 깊은 밤, 나는 빨간 내복의 초능력자로 변신했다. 자전거를 타고 하마리 유전 공학 연구소로 달려갔다.

연구소는 마치 요새처럼 철통 같은 경비 시스템으로 둘러싸여 있었다. 곳곳에 CCTV가 설치되어 있었고, 경비원은 경비견을 데리고 순찰을 쉬지 않았다.

하지만 나는 빨간 내복의 초능력자! 담벼락을 휙휙 넘어 어둠 속에 몸을 감췄다. 몸 색깔을 바꾸는 염색체 초능력을 사용해 사각지대에 감쪽같이 숨었고, 경비원들을 보기 좋게 따돌렸다. 그림자처럼 환풍구로 기어들어 갔다. 아무리 철저한 보안 시스템이라도 환풍구에는 보안 장치가 없었다.

다행히 하마리 박사의 연구실은 비어 있었다. 나는 서둘러 연구실을 뒤지며 루나와 관련된 물건을 찾기 시작했다. DNA 추적 초능력까지 이용했지만, 역시 루나의 흔적은 찾을 수 없었다.

순간 하마리 박사의 칫솔이 눈에 들어왔다. 칫솔에 묻은 하마리 박사의 DNA가 분명하게 눈에 들어왔다. 좋은 생각이 반짝 떠올랐다. 하마리 박사의 칫솔을 챙겨 넣고는 다시 염색체 초능력을 이용해 몸의 색깔을 바꾸면서 무사히 연구소를 빠져나왔다.

루나의 머리카락과 하마리 박사의 칫솔을 각각 다른 비닐봉지에 넣었다. 비밀이 새어 나가면 안 되니까 이름은 쓰지 않고, 비닐봉지 앞에 A와 B라고만 표시했다.

다음 날 오후, 닥터 천송이의 마음아나파 정신의학과를 찾았다. 아무래도 천송이 의사는 내가 초능력자라는 걸 조금 눈

치를 채다가 만 것 같다. 지난번 곰돌이 야자수의 DNA를 전문 검사 기기로 분석해서 10가지가 넘는 동물과 식물의 유전자가 조합된 돌연변이 괴생명체라는 것을 알려준 것도 천송이 의사였다.

"오래간만이구나. 이번에야말로 제대로 뇌파 검사를 하려고 온 거니?"

"하하하, 아뇨. 이번에도 DNA 검사를 부탁드리려고요."

천송이 의사는 눈을 가느다랗게 뜨고 잠시 나를 노려보았다. 어쩐지 가슴이 콩닥콩닥 뛰었다.

"나유식, 취미가 특이하네. 왜 자꾸 유전자 검사를 해 달라고 하는 거지?"

"제발요. 저희 누나의 오랜 꿈이 과학 고등학교에 가는 거예요. 입학 준비에 꼭 필요한 실험 자료라고 했거든요."

입을 열 때마다 거짓말이 술술 나왔다. 이것도 초능력인가?

"그래. 어쨌든 좋아. 아래층 산부인과 병원으로 내려가 보자."

"감사합니다. 선생님!"

우리는 산부인과 병원의 검사실로 자리를 옮겼다. 천송이 의사는 머리카락과 칫솔에서 시료를 채취해 DNA 검사를 시작했다. 몇 시간 후, 실험 결과가 나왔다.

"나유식, 잘못 가져온 거 아니야?"

"왜요?"

"A와 B, 두 가지 DNA는……."

천송이 의사가 고개를 갸웃거리며 이해할 수 없다는 난감한 표정을 지었다.

**천송이** 의사 입에서 충격적인 말이 이어졌다.

"A와 B는 똑같은 사람이야."

머리카락과 칫솔의 주인은 같은 사람이라니. 검사 결과가 잘못된 게 틀림없다.

"그럴 리가 없어요. 분명히 다른 사람이에요."

"나도 몇 번이나 확인했어. 유전자 정보가 완전히 일치해. 사실대로 말해 봐. 무슨 일을 벌이는 거야?"

천송이 의사의 불꽃 머리가 활활 타오르는 것처럼 흔들렸다. 여기서 사실대로 털어놓으면 진실에 다가갈 수 있을까. 고민이 되었다.

"만약에 A와 B가 다른 사람이라면 어떻게 되는 건가요?"

"그렇다면…… 이건 대단한 범죄야."

"범죄요?"

"인간을 복제한 셈이니까. 두 사람 중 하나는 복제 인간이야. 복제 인간 실험은 불법이고."

하마리 박사의 연구실에서 발견한 루나의 사진……. 역시 그건 루나가 아니었다.

"만약에 A는 어린이고, B는 어른이라면요?"

"맞춤 아기?"

천송이 의사의 대답에 벼락을 맞은 것처럼 온몸에 전기가 찌르르 흘렀다. 유전자를 조작하고 편집해서 만들어 낸 아이가 루나라면?

"사람의 생명을 두고 실험하는 건 범죄야. 나유식, 설마 이 복제 인간이 네 친구는 아니지? 아니겠지?"

"……."

차마 사실을 말할 수 없었다. 우리나라를 대표하는 과학자 하마리 박사와 아이돌 스타 루나의 DNA라고 하면, 천송이 의사도 큰 충격을 받을 것이다. 하마리 박사와 루나는 체포되는 걸까. 하마리 박사가 받게 될 우리나라 최초의 노벨상도 물거품이 될 것이다. 수많은 루나의 열성 팬들은 얼마나 놀랄까. 생각하기도 싫은 비극이 연이어 일어날 것이다.

"사실은요……. 둘 다 저희 누나 거예요."

천송이 의사가 무릎을 치며 하하하 웃었다.

"그럴 줄 알았어."

병원을 나오면서 인사할 때 천송이 의사가 문을 열어 줬다.

"너희 누나 유전자는 아니야. 네 유전자와 유사한 점이 없거든. 이유를 물어도 대답하지 않겠지. 어쨌든 미스터리한 나유식, 네가 해결할 수 있는 일은 아니야. 당장 경찰에 신고하도록 해. 더 큰 범죄로 번지기 전에……."

집으로 돌아오면서 '더 큰 범죄'라는 말이 계속 머릿속을 맴돌았다. 우리가 모르는 사이에 우리 주변에 복제 인간이 살고 있다고 생각하니 아찔했다.

"아재님, 진짜 문서를 복제하면 가짜 문서잖아요. 진짜 인간을 복제하면 복제 인간은 가짜 인간인가요?"

아인슈타인 박사에게 물었다. 모르는 게 없는 분이지만, 이번 질문만큼은 어려운 모양이었다. 대답이 없었다.

집에 오자마자 식욕이 폭발했다. 허겁지겁 찬밥을 마구 퍼먹었다. 먹어도 먹어도 배가 고팠다. 평소보다 훨씬 많은 음식을 먹어 치웠고, 냉장고가 텅텅 비었다. 그런 내 모습을 본 누나는 곧장 엄마에게 전화해서 속삭였다.

"유식이가 또 이상해졌어. 오른손잡이 유식이가 왼손으로 배가 터질 때까지 밥을 퍼먹어. 무서워. 저건 유식이가 아니야. 엄마 빨리 와. 유식이를 빨리 병원에 보내야 해."

 몇 시간 동안 이어진 식사는 꺼억 하고 내뱉은 트림과 함께 마칠 수 있었다. 그리고 곧바로 배 속에서 엄청난 신호가 와 화장실로 달려갔다. 나는 엄청나게 많은 똥을 쌌다. 많이 먹으니 많이 나오는 건 당연했다. 변기가 막혔다. 어쩔 수 없었다. 그런데 문제는 그 뒤로도 끊어지지 않고 계속 나온다는 거였다.
 꿈틀꿈틀, 꿈틀꿈틀.
 변기 속에서 길고 굵은 똥이 혼자 움직였다. 똥이 코브라처럼 머리를 들어서 나를 쳐다봤다.
 "뭐, 뭐야? 너, 뭐야?"
 똥은 점점 뭉치면서 사람처럼 변했다. 이런 건 처음 본다.
 "아재님, 긴급! 긴급 사태 발생! 빨리 어떻게 좀 해 주세요!"

"똥이 세포 분열을 하는 것 같구나. 네가 복제 인간의 과학 원리를 깨달아서 복제 인간 초능력이 생겼나 봐."

똥은 점점 커지면서 어떤 모습으로 변했다. 그건 나였다! 똥이 내가 된 것이다. 심지어 내가 하는 행동까지 똥 인간이 그대로 따라 했다.

따라 하지 마! 너무식!

따라 하지 마! 너무식!

"쾅, 쾅쾅! 나유식, 거기 있는 거야? 무사한 거야?"
누나가 발길질을 어찌나 세게 하는지 문이 뚫릴 것 같았다.
"똥 복제 인간을 어떻게 하지? 제발 변기 속으로 들어가!"
푸쉬쉬식.
다행히 에너지가 떨어진 똥 복제 인간은 스르륵 무너져 그대로 변기 속으로 들어갔다. 나는 얼른 변기 물을 내렸다. 휴, 다행이다.

### 초능력자의 과학수첩

## 똥에 숨은 DNA를 찾아라!

똥은 장이나 항문의 세포가 묻어 있기 때문에 유전자 분석이 가능해. 하지만 똥에는 여러 가지 미생물도 섞여 있기 때문에 세포가 묻은 똥의 표면만 살짝 채취해야 해. 또 오줌에도 세포가 섞여 나오기 때문에 오줌으로도 유전자분석을 할 수 있어. 오히려 똥보다 오줌에 오염된 물질이 적게 들어 있기 때문에 유전자 분석도 쉽지.

"우웩! 이게 무슨 냄새야!"

누나가 토할 것 같다는 표정을 지었다. 나는 서둘러 자리를 떠났다. 등 뒤에서 누나가 소리 질렀다.

"너, 나유식 맞아? 유식이 똥 냄새는 내가 제일 잘 알아. 유식이 똥 냄새가 고약하긴 하지만 이 정도는 아니야!"

그날 밤 아인슈타인 박사는 지금은 그 어느 때보다 중요한 때이니 사건 해결을 위해 집중해야 한다고 강조했다.

"유식아, 하마리 박사와 루나의 관계는 알게 됐어. 이제 루나와 신풍귀의 관계를 알아내야 해."

아인슈타인 박사는 두 사람의 관계를 파악하면 사건의 실체도 드러날 거라고 덧붙였다. 빨간 내복의 초능력자로 변신한 나는 다시 지하 터널과 환풍구를 통해 신풍귀의 비밀 실험실에 가 보았다.

여전히 우리에 갇힌 복제 동물들이 울부짖고 있었다. 아인슈타인 박사는 실험실의 자료를 살펴보라고 했다. 그러다가 실험실의 위치가 표시된 지도를 발견했고 이곳의 정확한 위치를 알게 된 나는 충격에 빠졌다.

"아재님, 이곳 위치가 하마리 박사의 연구소와 연결되어 있어요!"

'가까운 곳이 무섭다'는 노주코 밤의 예언이 들어맞았다. 이렇게 가까운 곳에 숨으면 경찰도 찾기 어려울 것이다.

실험실을 막 빠져나왔을 때 스마트폰이 울렸다. 하마리 박사의 전화였다.

"유식 군, 연구실에 도둑이 들었어."

머리카락이 쭈뼛 서는 기분이었다. 내가 그랬다는 게 발각된 걸까?

"도둑의 모습이 CCTV에 찍혔지. 빨간 내복을 입은 자인데,

몸놀림이 예사롭지 않아. 동물처럼 재빨라서 담벼락을 휙휙 타고 넘었어. 놀라운 능력을 지녔더구나."

"하마리 박사님, 빨리 경찰에 신고하세요!"

일단 시치미를 뗐다. 그런데 왜 나한테 전화했을까?

"조사해 보니 '빨간 내복의 초능력자'라는 수상한 자의 무용담이 떠돌더라. 사건을 해결하고는 유유히 사라진다나. 그런데 그 자가 자주 출몰하는 장소가 유식 군이 사는 동네였어. 그래서 전화했어. 혹시 그런 소문 들어봤니?"

"아니요, 맞아요."

당황했는지 가슴이 쿵쾅쿵쾅 뛰었다.

"뭐가 아니고 또 뭐가 맞다는 거지?"

"소문은 들어 봤는데, 실제로 본 적은 없거든요. 빨간 내복의 초능력자를 직접 만나 본 사람도 없어요. 그러니까 유니콘이나 드래곤 같은 거죠. 소문으로만 전해지니까요."

"유식 군 말이 맞아. 도둑이 빨간 내복처럼 보이려고 변장했나 봐. 빨간 내복에게 누명을 씌우려고 말이야."

"하하하, 맞아요. 그게 정답! 빨간 내복의 초능력자는 정의의 히어로인데, 왜 도둑질을 하겠어요? 그런데 경찰에 신고는 하셨어요?"

"뭐, 잃어버린 물건이 없으니 경찰에 신고하지 않았어. 왜 화장실은 들락거렸을까? 도둑이 볼일 보려고 들어온 건 아닐 텐데……."

하마리 박사는 보안과 경비에 더 철저하게 신경 쓰겠다고 했다.

"그보다 중요하게 드릴 말씀이 있어요. 신풍귀가 어디에 숨어 있는지 알아냈어요. 지금 경찰에 신고하려고 해요."

나는 신풍귀의 비밀 실험실이 연구소와 연결된 지하에 있다고 알려 주었다

"……."

"여보세요? 하마리 박사님, 들리세요?"

하마리 박사도 놀랐는지. 한참을 말이 없었다.

"……. 역시 유식 군은 대단해. 내가 미처 말을 못했구나. 오늘 신풍귀를 체포했어. 그런데 신풍귀가 루나와의 관계에 대해 입을 열지 않아. 그래서 말인데, 유식 군은 루나와 신풍귀가 함께 있는 걸 봤다고 했지? 연구소로 와서 좀 도와줄래? 지금 차를 보낼게."

하마리 박사는 연구소의 운명이 걸린 문제니까 부모님이나 경찰에 비밀로 하고 혼자 와 달라고 부탁했다. 나는 바로 달려

가겠다고 했다.

아인슈타인 박사는 내게 당부했다.

"이유는 묻지 마. 우선, 머리부터 발끝까지 모두 가려지는 옷을 입어."

후드와 모자, 장갑과 안경을 쓰고, 마스크로 얼굴을 완전히 가린 채로 연구소에서 보낸 차에 탔다.

침입자 사건 때문인지 연구소의 경비는 더욱 삼엄해졌다. 입구에서 경비원이 내 신분을 확인하려고 물었다.

"완전 무장을 했네. 마스크는 왜 썼니?"

마스크를 벗으며 억지로 기침을 해 보였다.

"쿨럭쿨럭, 독감에 걸린 것 같아서요."

하마리 박사는 이제부터 경비원 없이 나 혼자만 오른쪽 복도를 지나 왼쪽, 다시 왼쪽 통로를 지나, 엘리베이터를 타고 지하 4층으로 내려와서 열린 문으로 들어오라고 했다.

엘리베이터를 타려는데 아인슈타인 박사가 먼저 화장실부터 다녀오자고 했다.

화장실에서 볼일을 보고 나오는데, 복도를 지키던 경비원이 코를 쿵쿵대며 중얼거렸다.

"왜 갑자기 지독한 냄새가 나는 거지? 화장실이 막혔나?"

하마리 박사를 만나기로 한 연구실 안으로 들어갔다. 연구실의 벽면 전체가 강철로 되어 있었다. 문이 잠기면 개미 한 마리 빠져나갈 수 없을 것 같았다.

'이곳에 신풍귀를 가둬 둔 걸까?'

그때 철컹 하고 강철 문이 잠겼다. 이윽고 2층 높이의 위쪽 유리창에 모습을 드러낸 사람은, 놀랍게도……

"신풍귀!"

악당 신풍귀가 입술을 비틀며 비웃고 있었다.

'체포했다고 들었는데, 어떻게 된 일이지?'

신풍귀 뒤로 하마리 박사가 나타났다.

두 사람은 백장미가 그려진 제복을 입고 있었다. 루나의 노트에서 봤던 백장미 무늬였다.

"여기까지 오느라 수고가 많았어, 나유식 군 아니, 빨간 내복의 초능력자!"

하마리 박사가 나를 내려다보며 미소를 지었다. 내가 빨간 내복인지 이미 알고 있었다.

함정이었다! 완전히 함정에 빠지고 말았다!

"아참! 빨간 내복의 초능력자라는 걸 어떻게 알았느냐고 묻고 싶겠군. 호호호, 너의 DNA를 검사했지."

"너의 뇌 속에 아인슈타인의 뇌 일부가 있다는 것도 이미 알고 있어. 그리고 명심해. 네가 갇힌 곳은 어떤 초능력으로도 뚫리지 않을 거야."

신풍귀가 약을 올리듯 웃었다.

"곰돌이 야자수의 정체를 네가 알아 버려서 도시 혼란 작전은 실패했지만, 상관없어. 더 확실한 작전이 있으니까. 인류를 대체할 X-인류를 만들 거야. 안 그런가, 나의 오른팔."

하마리 박사는 신풍귀를 자신의 오른팔이라고 불렀다. 그래서 계속 하마리 박사가 신풍귀를 잡지 않았던 거였다.

"역시 신풍귀와 한패였군요!"

"후후, 우리 백장미파는 새로운 세계와 X-인류의 창조자가 될 거야! 나는 신을 대신해 더러운 인류를 청소하고, 백장미처럼 아름답고 깨끗한 인간을 만들 거야! 내가 곧 창조주 신이 되는 거지! 까하하하하!"

하마리 박사는 미친 것처럼 웃어 댔다. 더 이상 아름다운 하마리 박사의 모습은 찾아볼 수 없었다.

"정말 궁금한 게 있어요."

"역시 호기심이 많은 녀석이군. 뭐든 물어 봐."

하마리 박사는 팔짱을 끼며 여유로운 표정을 지었다.

"루나가 맞은 주사는 뭐죠? 루나에게 무슨 실험을 하는 거냐고요?"

"루나는 복제 인간 부작용 때문에 치료가 필요해. 완벽한 맞춤 아기지만, 예상하지 못한 병을 앓게 되었지."

신풍귀가 대답했다.

"조로증인가요? 루나도 빨리 늙어요?"

"아직 조로증은 심하지 않아. 특수 주사로 부작용을 관리하고 있지. 뭐 앞으로 조로증이 심해질지도 모르지만."

루나가 불쌍했다. 어느 날 갑자기 할머니가 될지도 모른다.

"루나에게 관심이 많구나. 하긴 티 없이 맑은 눈동자와 구름같이 깨끗한 미소를 보면 누구나 폭 빠질 수밖에 없지. 그런데 루나가 우연히 너희 학교로 전학 갔다고 생각하니?"

"우연이 아니라면…… 그것도 작전인가요?"

"생각해 봐, 루나 같은 아이가 왜 너와 친구가 되겠어?"

루나가 전학을 오고 며칠 뒤 체육 시간, 갑자기 학교 운동장에 싱크홀이 생겨 루나가 빠졌고 내가 루나를 구했다. 그때부터 루나와 가까워졌다.

"싱크홀도 일부러 만든 거였어요? 위험에 빠진 루나를 구하게 하려고요?"

"물론이지. 처음부터 다 작전이었어. 네가 초능력으로 루나를 구해 줄 거라고 예상했으니까. 네 능력도 시험해 볼 겸."

"도대체 왜 저를……. 저는 너무식이라고요!"

"아인슈타인의 뇌 때문이지."

하마리 박사는 커피를 홀짝였다. 하마리 박사는 고양이 이야기를 했다. 아인슈타인 박사가 나의 뇌 속에서 부활하고 얼마 후, 정체불명의 천재 고양이가 나타났다.

"우리 연구소의 실험용 고양이였어. 아인슈타인의 뇌 조각

일부를 이식했는데, 아인슈타인처럼 지능이 높아지더군. 그런데 그 높은 지능을 이용해 연구소를 탈출했지."

"천재 고양이가 왜 나를 찾아왔을까요?"

"같은 뇌끼리는 서로 통하는 뭔가가 있나 봐. 하긴 그렇겠지. 원래 하나의 뇌였으니까."

아인슈타인 박사도 천재 고양이에게서 자신의 뇌 일부가 느껴진다고 했다.

"천재 고양이 덕분에 너의 존재도, 네가 빨간 내복의 초능력자이고 아인슈타인의 유전자를 가졌다는 것도 알게 되었지. 그 고양이, 지금쯤 죽었을 거야. 아인슈타인의 뇌를 이식한 동물들은 부작용으로 오래 살지 못했거든."

신풍귀가 유리창을 주먹으로 쾅, 소리가 나게 두드리며 나를 노려봤다. 눈빛이 소름끼쳤다.

"이제 절 어떻게 할 생각이죠?"

"너는 참 흥미로워, 나유식. 그래서 시간을 두고 너를 천천히 관찰하기로 했어. 초능력의 비밀과 아인슈타인의 유전자가 어떤 관련이 있는지도 궁금했고. 그래서 루나를 전학 보낸 거야."

"네가 멋있어서 루나가 다가간 게 아니란 말이야! 하하하!"

신풍귀가 배를 잡고 웃었다. 나는 하나도 웃기지 않았다.

"유전자 조합으로 만든 생명체는 늘 오래 살지 못했어. 그런데 넌 왜 멀쩡할까? 게다가 초능력까지 있잖아. 어떻게 그게 가능하지? 네 DNA는 평범한데 말이야. 정말 미스터리해."

"우리 가족이 유전자 테마파크 초대권에 당첨된 것도 행운이 아니었겠네요."

"호호, 물론이지. 너에게 접근하기 위한 계획 중 하나야."

우연에 행운이 겹쳤다고 생각한 일들이 모두 하마리 박사가 짜 놓은 시나리오였다. 가족과 친구들과 쌓은 추억이 물거품처럼 사라진 기분이었다.

"예상하지 못했던 사건도 있었어. 미래를 보는 주술사 노주코 밤이 나타나고, 고대 인류의 섬에 네가 찾아오다니……."

아인슈타인 박사의 지시로 우리 가족이 찾아간 대서양의 트리타섬과 폭풍에 휘말려 비행기가 추락한 고대 인류의 섬, 그곳에서 만난 원숭이 제국의 왕 다윈이 떠올랐다.

"노주코 밤의 예지몽 때문에 우리의 작전이 몇 번 틀어졌지. 고대 인류가 살던 섬을 지배하던 원숭이 제국의 왕이 너 때문에 목숨을 잃고 말았어."

하마리 박사가 고개를 들었다. 분노에 가득 찬 얼굴이 형편

없이 일그러지며 두 뺨에 눈물이 흘러내렸다.

"너 때문에! 내 분신 같은 쌍둥이 동생이 죽었다고!"

"동생이라니요?"

그때 깨달았다. 하마리 박사와 만날 때마다 원숭이 제국의 다윈 왕이 떠오른 것은 우연이 아니었다.

다윈 왕은 진화에 대한 연구를 하다가 원숭이로 변하는 혈청을 자기 몸에 넣어 스스로 원숭이 제국의 왕이 되었다고 했다. 그런 그가 하마리 박사의 동생 하두리였던 것이다.

"다윈 왕이 하마리 박사님의 동생이라고요?"

하마리 박사가 손톱을 세워 유리창을 날카롭게 그었다.

"내 동생 하두리. 신인류로 새로운 지구를 만들자는 목표는 같았지만 우리는 방법이 달랐어. 동생은 고대 인류를 다시 진화시키겠다고 했지. 하지만 너 때문에 꿈을 잃고 말았어."

하마리 박사가 울음을 삼켰다.

"이제야 알겠어요. 그러니까 천재 쌍둥이 남매의 목적은 신인류를 만들어 지구를 정복하는 거였군요. 그런데 사실대로 말하자면, 하두리는 원숭이인 척하는 더러운 악당이에요. 네안데르탈인을 이용해 내 친구 니아를 죽이고, 데니소바인들을 멸종시키려고 했죠. 결국 실패해서 온몸의 털이 다 빠지고 비

참한 최후를 맞았지만요."

내가 입술을 삐죽이며 빈정거리자, 하마리 박사는 분해서 주먹을 쥐고 부르르 떨었다.

"널 용서할 수 없어!"

마침내 확실해졌다. 미스터리한 일들의 비밀이 모두 풀렸다. 이제까지 사건을 해결하면서도 늘 퍼즐의 마지막 한 조각이 빠진 것 같았다. 지금 그 마지막 퍼즐 조각을 찾은 것이다.

첫째, 천재 고양이는 아인슈타인의 뇌를 이식받았다.
둘째. 죽은 샤샤는 동물 복제 실험에 이용됐다.
셋째, 35년 전 사진 속 루나는 하마리의 어린 시절이다.
넷째, 루나 노트의 백장미 무늬는 세계 정복 조직 백장미파의 상징이다.
다섯째, 신풍귀와 하마리는 한패고, 신풍귀가 루나를 치료해 왔다.
여섯째, 다윈 왕은 하마리의 쌍둥이 동생 하두리다.
일곱째, 루나는 하마리의 복제 인간이다.
여덟째, 노주코 밤의 경고는 하마리를 가리키고 있다.

"버튼만 누르면 특수한 가스가 채워질 거야. 그럼 너는 깨어날 수 없는 깊은 잠에 빠지게 돼. 박사님 지금 버튼을 누를까요?"

신풍귀가 하마리 박사를 향해 물었다.

"유식 군, 마지막으로 하고 싶은 말은 없나요?"

하마리 박사가 나를 내려다보며 다시 부드러운 미소를 지었다. 이제껏 몇 개의 표정을 숨기고 살았을까?

"음…… 문제 하나만 낼게요. 어렵지 않을 거예요."

"마지막 소원이니 들어줘야지. 좋아."

나는 숨을 고르고 천천히 말했다.

"세상 사람들 아무도 모르는 진실을 박사님만 알고 있어요. 그 진실을 세상에 알리는 순간 사람들이 불행해진다면, 박사님은 진실을 알릴 건가요, 거짓으로 덮을 건가요?"

"당연히 거짓으로 덮어야지. 나는 과거에도, 지금도, 앞으로도 그럴 거야. 그렇게 살아온 덕분에 나는 늘 성공과 함께했지."

하마리 박사는 신풍귀를 향해 손짓했다. 신풍귀가 붉은 버튼을 눌렀다.

쉭쉭, 쉬이이이익.

천장과 바닥에서 가스가 쏟아져 나왔다. 그렇게 나는 힘없이 쓰러졌다.

"잘 가, 나유식. 이것으로 귀찮은 장애물은 사라졌군. 신풍귀 박사, 다음 작전은 알고 있지?"

"네. 돌연변이 바이러스를 이용해 세상을 혼란에 빠뜨려야죠. X-인류 재생 프로젝트를 본격적으로 시작하겠습니다."

하마리 박사와 신풍귀가 밖으로 나갔다.

잠시 후 의식을 잃고 쓰러진 나는 점점 쪼그라들었고, 결국 한 덩어리의 똥으로 변했다.

나는 환풍기에 숨어서 모든 상황을 지켜봤다. 내가, 아니 내 똥이 이렇게 죽다니……. 너무 슬퍼서 눈물이 날 것 같다. 사실 함정에 빠진 건 똥 복제 인간이었다.

"똥아, 수고 많았어." 하고 똥을 향해 작별 인사를 보냈다.


하마리 박사의 음모를 파헤치기 위해 연구소를 살폈다. 연구소에는 꽤 많은 아인슈타인의 뇌 조각이 모여 있었다. 수백 개의 뇌 조각이 마치 퍼즐을 맞추듯 하나로 완성돼 가고 있었다.

"90퍼센트 정도 완성된 것 같아요."

그 모습을 본 아인슈타인 박사는 충격에 빠졌다.

"내 뇌로 무슨 짓을 하려는 거지?"

자신이 범죄 집단에 이용되는 것 같아서 아인슈타인 박사는 몹시 언짢아했다.

지하 비밀 연구실에서는 수백 개의 유리관이 윙윙 소리를 내며 뭔가를 만들고 있었다.

"아재님, 이것 좀 보세요!"

그 유리관들은 3D 프린터기 같았다. 마치 사람 형체를 출력하는 것처럼 보였다.

"3D 프린터기로 복제 인간을 만드나 봐요. 그런데 이 복제 인간은 뭔가 이상해요. 뇌가 없잖아요."

"용납할 수 없어! 인간을 실험 대상으로 삼는 것은 인간의 존엄성을 무시하는 짓이야! 인류를 파멸시킬 범죄라고!"

아인슈타인 박사는 분노했다. 모니터에 나타난 남은 시간은 겨우 19분.

"19분이 지나면 X-인류 재생 프로젝트로 엄청나게 많은 복

제 인간이 한꺼번에 쏟아져 나오겠죠?"

곰돌이 야자수 사건과는 비교할 수 없을 만큼 큰 혼란이 닥칠 것 같았다. 머릿속이 캄캄해졌다. 일단 경찰에 신고부터 하려던 그때, 아인슈타인 박사의 단호한 목소리가 들렸다.

"경찰에 신고하기에는 이미 늦었어. 지금 당장 네 힘으로 하마리 유전자 연구소부터 폭파해야 해. 그렇지 않으면 엄청난 비극이 닥칠 거야."

"이렇게 큰 연구소를 폭파하라고요? 제게 그런 초능력은 없어요. 아직 초딩일 뿐이라고요……."

"유식아, 넌 보통 초딩이 아니라, 인류를 구할 초능력 히어로야. 정신 바짝 차려. 아까 비밀 연구소 설계도를 봤지?"

기억을 더듬어 설계도를 찾아 테이블 위에 펼쳤다.

아인슈타인 박사는 설계도 한쪽 구석에 그려진 X 표시를 가리켰다. 바로 그 자리에 검은 상자가 있었다. 아인슈타인 박사는 고개를 끄덕였다. 망치로 힘껏 내리쳐 상자를 부쉈고, 그 안에서 타이머가 달린 자폭 장치를 꺼내 들었다.

"이걸 이용하면 연구소를 폭발시킬 수 있어. 위급 상황에서 모든 증거를 파괴하고 도망치려고 하마리 박사가 만들어 둔 자폭 장치야. 서두르자. 시간이 없어."

복제 인간들이 완성돼 쏟아져 나올 시간이 10분도 채 남지 않았다.

벌컥, 그때 누군가 문을 열고 들어왔다.

"앗, 빨간 내복! 어떻게 네가 여기에!"

신풍귀였다. 신풍귀는 경비원을 부르는 비상벨을 눌렀다.

삐오, 삐오, 삐오.

빨간 불빛이 깜빡이며 요란하게 울렸다.

신풍귀가 나를 잡으려고 덮쳤지만, 나는 거미 초능력으로 가볍게 벽을 타고 피했다. 그리고 복제 동물들이 갇혀 있는 우리를 열었다. 원숭이, 고양이, 강아지, 도마뱀, 흰쥐 등이 우르르 쏟아져 나와 신풍귀를 공격했다.

"으악! 살려 줘! 내가 너희를 만들었어! 난 너희의 신이야!"

신풍귀는 복도로 도망쳤고, 복제 동물들이 신풍귀 뒤를 바짝 쫓았다.

"유식아, 자폭 장치 버튼을 눌러야 해!"

아인슈타인 박사가 다급한 목소리로 외쳤다.

"앗, 네! 3분 20초밖에 안 남았어요!"

겨우 한숨을 내쉬는 것도 잠시, 더 큰 문제가 찾아왔다. 폭발까지 남은 시간이 복제 인간을 만드는 카운트다운 시간과 그대로 이어지게 설정되어 있었다. 나는 모든 초능력을 동원해 벽을 타고, 계단을 오르고, 창문을 넘었다.

쾅! 콰앙! 쾅쾅쾅!

폭발음이 들리며 내 뒤쪽에서 불길이 치솟았다.

간신히 연구소 밖으로 빠져나오자마자, 유전자 연구소가 폭파됐다. 경찰차와 소방차 사이렌 소리가 들려왔다.

투타타타타타. 연구소 위로 뭔가 날아올랐다. 헬기였다. 그 안에 타고 있는 사람은…… 하마리 박사!

"빨간 내복! 나는 혼자가 아니야! X-인류 재생 프로젝트는 반드시 성공해 새로운 세상을 만들 거야! 완벽한 백장미들이 나를 도와주고 있어! 다시 보자, 빨간 내복! 까하하하하!"

하마리 박사는 미친 듯이 웃으면서 사라졌다.

'혼자가 아니라니. 백장미들이 도와주다니. 도대체 무슨 말일까. 하마리 박사 뒤에 더 큰 조직이 있다는 뜻일까.'

이윽고 경찰이 도착했고, 나는 재빨리 폭파된 건물 뒤쪽으로 몸을 숨겼다. 그때 쓰러져 있는 루나를 발견했다.

"하마리 박사가 루나를 버리고 갔어!"

루나는 정신을 잃었지만, 크게 다친 것 같지는 않았다. 하마리 박사와의 관계가 세상에 알려지면 앞으로 루나는 생활하기 어려울 것이다. 아이돌 스타는 숨겨야 할 비밀이 많으니까. 나는 루나를 업고, 샤샤를 찾으면서 다녀갔던 지하 터널을 통해 빠져나왔다.

초능력자의 과학일기

# 우리 몸에는 어떤 세균이 살까?

 충격적인 사실을 알아 버렸다. 우리 몸속에도 수많은 세균이 있다고 한다. 심지어 지구에 사는 사람의 숫자보다 우리 몸에 사는 세균의 수가 더 많다. 사람의 피부에만 1000여 종의 세균이 무려 1조 마리나 살고 있다. 정말 놀랍다. 그런데 왜 우리가 병들어 죽지 않느냐고? 세균이라고 모두 나쁜 것은 아니다. 우리 몸을 병들게 만드는 세균은 병균이라고 하지만, 우리 몸에서 좋은 일을 하는 세균도 있다.

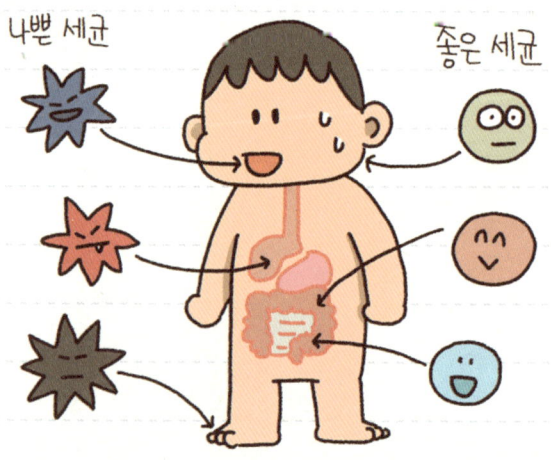
나쁜 세균　　좋은 세균

**나쁜 세균** : 나쁜 세균부터 찾아보자. 입안에 사는 세균으로 뮤탄스균이 있다. 충치를 만드는 균이다. 발가락에는 미크로코쿠스균이 살고 있다. 발 고린내를 나게 만든다. 위에 살면서 위장병을 일으키는 헬리코박터균도 있다.

**좋은 세균** : 어떤 세균은 우리 몸의 건강을 위해 꼭 필요하다. 대표적인 이로운 세균으로 유산균! 창자 속에 살면서 소화가 잘되게 해 주고 몸을 건강하게 해 준다. 대장균은 대장에 사는 균으로, 음식 찌꺼기를 분해해서 우리 몸에 필요한 비타민과 아미노산을 만들어 준다. 물론 대장균 중에 나쁜 병균도 있는데, 그건 따로 병원성 대장균이라고 부른다.

포로피오니균, 표피포도상 구균, 코리네균 등 피부에 사는 세균도 다양하다. 이 세균들은 외부에서 못된 세균이 들어오면 맞서 싸우는 방패 역할을 한다. 프로피오니균은 얼굴에 살면서 피지를 먹고 산다. 포도알처럼 동글동글 모여 콧속에 사는 표피포도상 구균은 코로 들어오는 바이러스와 싸운다. 겨드랑이에 사는 코리네균은 땀 냄새를 풍기지만, 우리 몸에 얇은 보호막을 만들어 나쁜 세균이 들어오는 걸 막아 준다. 물론 너무 많으면 곤란할 거다.

눈에 보이지 않지만, 우리 몸에 늘 사는 세균에 대해 잘 알고 주의한다면 우리는 더 건강하게 살 수 있겠지.

다섯 번째 사건

# 빨간 내복 vs 과학의 신

**사람들은** 너무 쉽게 과거를 잊는다. 두 달이 지나자 떠들썩하던 세상은 언제 그랬냐는 듯 일상으로 돌아왔다. 사람들은 하마리 박사가 죽고 사건이 완전히 종료된 줄 알지만, 그건 사실이 아니다. 하마리 박사는 잠시 사라졌을 뿐이다.

하마리 연구소가 폭발한 날, 나는 쓰러진 루나를 업고 연구소를 탈출했다. 그런데 루나는 내가 잠시 한눈판 사이에 사라져 버렸다. 그리고 그렇게 두 달이 지나도록 나타나지 않았다. 아이돌 스타가 갑자기 모습을 드러내지 않자 연예계가 발칵 뒤집혔다. 그러다가 연예계 생활에 지친 루나가 해외에서 숨어 지냈다는 소식이 뉴스에 나왔다. 그것으로 루나의 실종 사건도 마무리되었다.

아무도, 누구도, 루나와 하마리 박사의 관계를 알지 못했다. 어쨌거나 다행이다. 어디에 있든 루나가 신풍귀의 주사 없이도 건강하기를 진심으로 바랐다.

창밖으로 하얀 구름이 끝없이 펼쳐져 있다. 나는 지금 비행기 안이다. 어제 겨울 방학이 시작되자마자 아프리카행 비행기에 올랐다. 〈걸어서 과학 속으로〉라는 퀴즈쇼에 참가하게 됐다. 사실은 아인슈타인 박사가 참가 신청을 하고, 방송국 서버에 접속해 추첨 결과를 조작했다. 공정한 방법은 아니지만, 하마리 박사를 뒤쫓기 위해서 어쩔 수 없다. 세 명의 어린이가 한 팀으로 출전하는 퀴즈쇼라서 가장 친한 친구인 희주와 공자도 함께 가게 되었다.

사람들은 잊었을지 모르지만, 아인슈타인 박사와 나는 사라진 하마리 박사를 끊임없이 추적해 왔다. 그러다가 전 세계 인공위성 네트워크를 통해 아프리카 어딘가에서 하마리 박사

의 흔적을 찾게 되었다.

긴 비행 끝에 드디어 아프리카 땅을 밟았다. 12월이라는 게 믿기지 않을 만큼 뜨거운 열기가 훅 느껴졌다.

"끙차, 무슨 짐이 이렇게 무겁니?"

안내를 맡은 방송국 형이 물었다. 깻잎 통조림으로 가방을

**초능력자의 과학수첩**

## 크리스마스가 한여름이라고?

북반구와 남반구는 지구의 위아래, 서로 반대쪽에 자리하고 있어. 우리나라는 지구의 북반구에 위치하지. 남반구에는 남아메리카, 아프리카의 남부, 오세아니아, 남극이 속해. 북반구와 남반구는 계절이 반대야. 둥근 공 모양의 지구는 자전축이 기울어져 있기 때문에 북반구와 남반구의 태양의 남중 고도가 반대가 되거든. 그래서 북반구 우리나라가 겨울일 때, 남반구 아프리카 세렝게티는 여름인 거야.

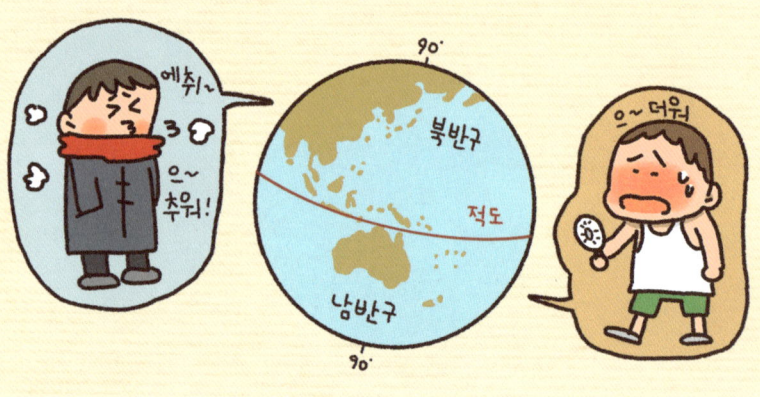

가득 채웠으니 무거울 수밖에. 뽀빠이는 시금치를 먹으면 힘을 얻지만, 나는 깻잎을 먹고 초능력을 얻으리라!

첫 번째 목적지는 세렝게티 국립공원이었다. 우리가 묵을 세렝게티 호텔은 거대한 바위틈에 지어진 신기한 건물이었다. 모두 잠든 깊은 밤, 나는 짜디짠 깻잎을 씹으며 초능력을 연습했다.

"아재님! 초강력 초능력 연습 좀 도와주세요!"

"으윽, 유식아, 제발! 이제는 깻잎 좀 그만 먹을 때도 되지 않았니?"

비명을 지르던 아인슈타인 박사가 갑자기 쉿 소리를 냈다. 어둠 속에서 검은 그림자가 나를 훔쳐보고 있었다. 휙휙, 재빨리 텀블링으로 돌아 검은 그림자의 뒤쪽으로 이동했다.

'나처럼 내복을 입었잖아! 검은 내복이라니!'

그 순간 검은 내복은 내 움직임을 눈치채고, 사파리 트럭에 몸을 싣고는 재빠르게 도망쳤다. 나는 아프리카 동물 초능력을 이용해 원숭이처럼 나무를 타고 치타처럼 벌판을 달리며 검은 내복 뒤를 바짝 쫓았다.

"누구냐? 정체를 밝혀……."

내 말이 끝나기도 전에 검은 내복은 이미 사라졌다. 지쳐 버린 나는 추적을 계속할 수 없었다.

언뜻 검은 내복의 가슴에 새겨진 문양을 떠올렸다. 백장미 같기도 했다. 혹시 백장미파에서 보낸 스파이일까? 내가 아프리카에 온 걸 하마리 박사가 벌써 알아챈 걸까?

다음 날 아침 일찍, 퀴즈쇼 촬영 일정에 따라 사파리 트럭을 타고 분화구로 들어갔다. 방송팀의 카메라가 켜지고 진행자는 마이크를 잡았다.

"반갑습니다! EBC 〈걸어서 과학 속으로〉 특별 퀴즈쇼 시간입니다. 이곳 응고롱고로 분화구는 초대형 화산 분화구로, 지구 상의 온갖 동식물이 모여 살죠. 그야말로 동물의 천국입니다. 오늘은 이곳에서 대한민국을 대표하는 과학 영재 어린이들과 함께 하겠습니다."

'우리가 대한민국 대표 과학 영재 어린이라고? 희주라면 몰라도 나와 공자는 꼴찌를 다투는 사이인데?'

불길한 느낌이 들었다. 아니나 다를까, 생각지도 못한 수준의 퀴즈가 던져졌다.

"다음 그림은 과학 이론을 나타낸 것입니다. 달리는 버스 안에 있는 나유식 군이 볼 때 함께 버스 안에 있는 사과는 정지해

있어요. 하지만 버스 바깥 도로에 서 있는 공자 군이 볼 때는 달리는 버스와 함께 사과도 움직이겠지요. 이처럼 모든 운동은 상대적이며, 상대적이기 때문에 속도를 이야기할 때는 기준이 있어야 한다는 과학 이론은…….”

삐익 하고 공자가 제일 먼저 버튼을 눌렀다.

"버스 이론!"

"틀렸습니다."

삑 하고 희주도 버튼을 눌렀다.

"사과 이론?"

"아, 아쉽습니다. 재미있는 오답이 나왔네요. 하지만 이건 상대성 이론이죠. 그래도 실망하지 마세요. 아직 문제가 다 나오지 않았거든요. 문제를 끝까지 들어주세요. 이 상대성 이론을 만든 사람은 누구일까요?"

"……."

한참 동안 정적이 흘렀다. 저 멀리 야생 동물의 울음소리가 울려 퍼질 뿐이었다. 또다시 정적이 흘렀다. 우리 셋도 하나같이 진땀을 흘렸다. 내 머릿속에서는 학교에서 들어 본 위인의 이름들 수십 개가 떠올랐다. 이순신이나 세종대왕은 아닐 테고, 분명히 유명한 과학자일 텐데……. 아인슈타인 박사는 그런 내가 답답하다는 듯이 연신 혀를 찼다. 나는 정정당당하게 퀴즈를 풀고 싶어서 끝내 아인슈타인 박사에게 정답을 알려 달라고 하지 않았다.

촬영하던 방송팀의 표정이 좋지 않았다. 다섯 번째 퀴즈까지 우리는 모두 빵점이었다. 모든 퀴즈에 침묵하기만 하는 아이들은 처음이라고 여기저기서 수군댔다. 이럴 줄 알았으면 퀴즈쇼 대신 다른 방법으로 아프리카를 왔어야 했는데……. 나중에 알았지만, 첫 번째 퀴즈의 정답은 나랑 가장 친한 과학자 아인슈타인이었다.

오만두 PD님은 거의 울 것 같은 표정이었다. 어쩐지 미안한 마음이 들었다. 나는 마음속으로 몇 번이고 사과했다.

'오만두 PD님, 퀴즈쇼를 망쳐서 미안해요. 세계 평화를 지키는 것으로 빚을 갚을게요.'

그때 진행자가 벌판 저쪽을 가리키며 무슨 일이 일어난 것 같다고 소리를 질렀다. 뽀얗게 먼지가 피어오르며 뭔가 달려오고 있었다. 잠시 후, 코뿔소, 코끼리, 뱀, 원숭이, 들소, 얼룩말, 기린 등 야생 동물이 떼 지어 몰려오는 모습이 보였다.

"Run away! Run away!(도망 가! 도망 가라고!)"

경찰 트럭이 다급하게 다가와 대피 안내를 했다. 우리는 급히 트럭과 버스에 올라타고 도망치기 시작했다.

쿵 하고 코뿔소가 우리 트럭을 들이받았다. 코끼리는 두 귀를 펄럭이며 마구 달려들었다. 경찰은 마취 총을 쏘았다. 마취 총을 맞은 동물들은 바닥에 쓰러졌다가 곧 다시 일어났다. 동물들의 눈동자가 하얗게 텅 비었고, 마치 약물에 취한 것처럼 보였다.

"으아악! 좀비 동물인가 봐!"

방송팀은 비명을 질러 댔다. 경찰의 호위를 받으며 간신히 호텔로 돌아올 수 있었다. 강철로 된 문이 굳게 잠겼다.

쾅, 콰앙, 쾅!

동물들의 거침없는 공격에 강철 문도 찌그러졌다. 호텔 안에 모인 사람들 모두 두려움에 떨었다. 동물들의 공격은 어두워진 뒤에야 잠잠해졌다.

다음 날, 호텔 바깥 상황을 조심스럽게 살피던 나는 충격적인 모습에 입이 다물어지지 않았다.

"동물들이 식물로 변했어!"

사자, 코끼리, 코뿔소, 하마, 기린, 원숭이, 얼룩말 등이 바짝 마른 나무로 변해 죽어 있었다.

그날 오후 세렝게티에 사는 마사이족 주민들이 찾아왔다. 지팡이를 든 주술사가 전하는 이야기를 현지 가이드가 전해 주었다.

"악마의 저주라고 합니다. 세렝게티 곳곳에서 야생 동물들이 미쳐 날뛰다가 나무로 변해 죽어 가고 있대요. 사람도 저주에 걸려 나무로 변할 수 있으니 어서 이곳을 벗어나야 한다고 하네요."

오만두 PD님은 방송팀과 긴급 회의를 했다. 촬영을 마치지 못했지만, 눈앞에서 무시무시한 사건이 일어났기 때문에 당장

떠나야 한다고 결론을 내렸다.

"〈걸어서 과학 속으로〉 촬영은 장소를 옮겨서 하자. 안전한 장소를 찾을 테니까 너무 무서워하지 마."

오만두 PD님은 우리에게 안심하라고 했지만, PD님의 목소리가 가장 떨렸다. 나는 화장실에 가는 척, 몰래 빠져 나와 나무로 변한 동물들 가까이로 다가갔다. 아인슈타인 박사가 수상한 흔적이 보인다며 조사해 보자고 부추겼기 때문이다.

"유식아, 마스크와 보호 안경을 쓰고, 장갑도 껴야 해."

"왜요? 변장해야 하나요?"

"변장이 아니라 안전 때문이야. 동물의 병도 사람에게 옮을 수 있거든."

그 말을 들으니 조금 무서웠다. 나는 완전 무장을 하고 나무로 변한 원숭이를 관찰했다.

"이게 뭐죠? 원숭이가 뿔이 났어요!"

실험 도구를 이용해 야생 동물들의 몸 일부를 채취했다. 호텔로 돌아온 나는 방문을 닫아걸고 하마리랩을 꺼냈다. 하마리 연구소가 폭발한 날, 연구소에서 몰래 챙겨 두었다.

아인슈타인 박사와 함께 하마리랩으로 동물들의 유전자를 분석했다. 아인슈타인 박사는 이미 전 세계 DNA 데이터베이스에까지 접속했다.

"야생 동물들이 나무로 변한 이유를 알아냈어."

유전자 분석 자료를 살피며 아인슈타인 박사가 말했다.

"악마의 저주는 아니지요? 제발 아니라고 해 주세요!"

"이건 파필로마 변이 바이러스야. 악마의 저주만큼이나 끔찍하구나."

"파필로마요?"

파필로마 바이러스는 사마귀 같은 걸 일으키는 바이러스라고 했다. 몸 전체에 나무껍질 같은 사마귀가 마구 자라고 점점 커지는 병이라고 했다.

"파필로마 바이러스에 감염되면 토끼에 뿔이 난 것처럼 보이기도 하고, 더 심하면 나무처럼 보이지. 이번에 야생 동물들이 감염된 바이러스는 기존 파필로마 바이러스에 돌연변이가 더해졌어. 파필로마 변이 바이러스지. 그래서 훨씬 빠르고 지독하게 감염이 된 거지."

야생 동물들이 고통에 날뛰느라 사람들을 공격하게 되었다니, 안타까운 마음이 들었다.

"사람도 감염되나요?"

"물론이지. 사람과 육지 동물, 바다 동물 등 모든 동물이 감염 대상이야. 누구든 감염되면 흉측하게 모습이 변하지."

설명을 듣는 것만으로도 오싹 소름이 돋았다.

"설마 치료제는 있겠지요?"

"치료제는 없어. 이 나무껍질 같은 사마귀 하나하나가 신경과 연결돼 있어서 수술로 제거하기도 어려워."

그날 밤은 크리스마스 이브였다. 희주는 집에서 준비해 온 루돌프 사슴 장식 머리띠와 직접 구운 쿠키를 내놓았다. 우리는 스마트폰으로 캐럴을 틀어 놓고 작게나마 크리스마스 파티를 했다. 아프리카 세렝게티에서 보내는 마지막 밤은 그렇게 공포와 행복이 함께 찾아왔다.

크리스마스 날은 새벽부터 바빴다. 오만두 PD님의 지시에 따라 우리는 서둘러 이동했다. PD님은 안전한 장소로 이동하면 〈걸어서 과학 속으로〉 퀴즈쇼의 촬영을 마치고 방송국으로 촬영 영상을 보내야 한다고 했다. 우리는 버스를 타고 붉은 먼지가 피어오르는 아프리카의 도로를 쉬지 않고 달렸다.

"와! 바다 봐!" 하고 공자가 감탄을 터트렸고, 그 소리에 잠에서 깼다. 물론 공자는 또 틀렸다. 바다가 아니라 호수였다. 하지만 빅토리아 호수는 바다만큼이나 넓었다. 백사장이 펼쳐져 있고, 새들이 날아다녔다. 수평선 부근에는 섬도 보였다.

"세상에 이렇게 넓은 호수가 있다니! 바다처럼 파도가 넘실거려."

오만두 PD님은 빅토리아 호수를 가리키며 대한민국 크기의 70퍼센트나 되는 거대한 호수라고 했다.

"빅토리아 호수에서 원시 인류가 시작된 거란다."

호수에서 시작한 인류가 지구 전체로 뻗어 나가다니 참 신기했다.

"'다윈의 정원'이라고 불릴 만큼 다양한 생물이 어우러져 살아가는 풍요로운 곳이었어. 지금은 인간이 생태계를 망쳤지만……. 하여튼 인간이 문제야."

루본도 아일랜드 국립공원 입구에서 오만두 PD님은 특별 손님을 기다리자고 했다. 이번 촬영에서 고생한 우리를 위해 어렵게 유명한 연예인을 섭외했으니 기대해도 좋다고 으스대며 말했다. 누구일지 궁금했다. 한 시간쯤 지났을까, 검은 승용차를 타고 우리 앞에 나타난 특별 손님은…….

"루나잖아! 루나야, 여기에 어떻게?"

공자와 희주가 먼저 반겼다.

"아프리카에서 화보 촬영을 하던 중이었어. 그런데 너희가 여기에서 촬영한다고 오만두 PD님께서 말해 줘서 나도 퀴즈 쇼에 출연하기로 했지."

루나는 하마리 박사와의 사건이 없던 것처럼 태연하게 미소를 지었다.

하마리 박사의 유전자를 이용해 태어난 복제 인간 루나, 어떻게 하마리 박사가 숨어 있는 아프리카에 다시 나타난 걸까?

"너무식 아닌 나유식! 정말 오랜만이다!"

루나가 다가오며 손을 내밀었다. 나는 로봇처럼 어색하게 웃었다.

"무사해서 정말 다행이야. 아니, 건강해서 정말 수고해. 아니……."

얼떨결에 얼굴까지 빨개졌다. 귓불까지 빨갛게 달아오른 내가 의심쩍다는 듯이 희주가 째려봤다. 공자는 '좋아하는 거

너무 티 내지 마.' 하고 눈치를 줬다. 루나는 우리에게 예쁘게 포장한 크리스마스 선물을 나눠 주며 환하게 웃었다.

우리는 유람선에 올라타고 루본도섬으로 향했다. 텔레비전에 탄자니아 뉴스가 방송됐다. 사람들이 미친 듯이 웃는 모습이 나왔다.

"지금 아프리카에는 '웃음병'이라는 알 수 없는 전염병이 돌고 있다고 합니다."

가이드가 뉴스를 통역해 주었다. 웃음이 멈추지 않는 사람들을 병원 침대에 묶어 두었지만, 치료제가 없다고 했다. 웃음병 환자는 입은 웃으면서도 고통의 눈물을 흘리고 있었다.

"저 여성의 오빠는 웃으면서 미친 듯이 계속 뛰었고, 잠을 자지도, 먹지도 못하고 열흘 내내 웃다가 숨졌다고 해요."

환자들의 가족 인터뷰는 충격적이었다.

"무서운 전염병들이 저를 따라다니는 것 같은 느낌이 드는 건 왜일까요?"

화장실에 쪼그리고 앉아 아인슈타인 박사에게 물었다.

"그게 네가 아프리카로 온 이유겠지."

"전염병에 걸리기 위해서요? 히익!"

아인슈타인 박사는 그건 아니라고 나를 달래 주었다. 그리고 원인 모를 전염병이야말로 하마리 박사가 아프리카에 있다는 증거라고 했다.

"아프리카는 다양한 생물들의 고향이야. 하마리 박사가 아프리카의 생물을 바탕으로 마음껏 유전자 실험을 하려고 아프리카에 숨어든 것 같아. 그다음에 어떤 음모를 꾸밀지 모르지만, 우리가 막아야 해."

빅토리아 호수에서 원시 인류가 시작되었다고 한 오만두 PD님의 말이 떠올랐다. 하마리 박사의 쌍둥이 동생 다윈 왕이 지배하려고 한 고대 인류의 섬과도 공통점이 있어 보였다.

"아재님! 동물을 나무껍질처럼 만드는 파필로마 변이 바이러스도 하마리 박사가 퍼뜨렸을까요? 또 웃음병도요?"

"충분히 가능성 있지. 인류를 청소하고 새로운 X-인류를 탄생시킬 계획을 세운 나쁜 과학자니까. 위험한 실험을 멈추게 해야 해."

전 세계 인류는 엄청난 위기 앞에 서 있다. 물론 지금 이 사실은 나만 알고 있다. 방송팀은 다시 퀴즈쇼 촬영을 시작했고, 우리는 빅토리아 호숫가에 준비된 카메라 앞에 앉았다. 아프리카 사람들이 잔뜩 몰려와서 촬영 현장이 신기한 듯 구경했다. 이번엔 기필코 한 문제라도 정답을 외치겠다고 결심했다.

"걸어서 과학 속으로! 여기는 아프리카 빅토리아 호수입니다. 특별 초대 손님인 세계적인 아이돌 스타, 루나가 이 자리를 빛내기 위해 찾아왔습니다. 대한민국 대표 과학 영재들의 퀴즈쇼, 도전 시작! 영국 포츠머스 대학교에서는 여러 동물을 상대로 간지럼 실험했습니다. 간지럽혔을 때 사람과 가장 비슷하게 웃음소리를 내는 동물은 무엇일까요?"

역시나 어려운 문제였다. 고양이를 키우는 희주는 갸르릉 소리를 잘 내는 고양이라고 했고, 공자는 사람을 잘 따르는 강아지, 루나는 지능이 높은 돌고래라고 했다. 모두 오답이었고, 내게 시선이 집중됐다.

"나유식 군, 침묵을 끝내고 도전해 보세요."

"침……."

"침묵을 끝내라잖아."

공자가 호통을 쳤다.

"침…… 침팬지요."

아무 말이나 하고 말았다. 공자가 배를 잡고 웃었다.

"푸하하하! 침팬지가 웃는 거 봤어? 역시 넌 너무식!"

오만두 PD님이 눈을 질끈 감더니 두 손을 맞잡고 기도를 올리는 자세를 취했다.

"침팬지는 인간과 가장 가까운 친척입니다. 인간의 웃음소리와 가장 비슷한 소리를 내는 동물도 침팬지입니다. 따라서 나유식 군, 정답입니다!"

방송팀이 기뻐서 펄쩍펄쩍 뛰었다. 얼떨떨했다. 침대차나 침엽수라고 안 하기 천만다행이었다. 그때였다.

"카하하하!"

구경하던 아프리카 원주민 한 명이 웃음을 터트렸다. 그러자 다른 원주민이 이어서 웃음을 터트렸고, 또 다른 원주민도 웃음을 터트렸다.

"크하하하!"

"카하하하!"

"크크크으윽!"

"크아아아악!"

웃음소리가 점점 기괴해졌다. 행복해서 웃는 웃음이 아니었다. 원주민들이 웃음을 멈추려고 입을 틀어막았지만, 웃음은 계속 터져 나왔다.

"웃음병이다!"

방송팀의 누군가가 외쳤다. 우리는 두려운 얼굴로 서로 바라봤다. 오만두 PD님은 급히 촬영을 중단했다.

"탈출합시다!"

오만두 PD님이 이곳에서 벗어날 가장 빠른 교통수단은 타자라 특급 열차라고 했고, 모두 열차역으로 이동했다.

열차역은 전염병에서 벗어나려는 사람들로 북적였다. 잠시 후 승차권을 사러 갔던 가이드가 공포에 질려 돌아왔다.

"이번에는 코와 입이 없는 자들이 나타났대요. 야생 동물이 마시는 물에 뭔가를 타는 걸 봤고, 그 물을 마신 야생 동물이 나무로 변해 죽었대요."

"에이, 설마요. 믿을 수 없어요."

"마사이족 주술사가 봤다고 해요. 코와 입이 없는 자들이 웃음병을 퍼트린다고 합니다. 코와 입이 없는 자들은 하루가 지나면 얼음이 녹듯 사라져 버리고요! 신이시여, 지옥에서 온 자들로부터 우리를 구원하소서!"

가이드는 바닥에 머리를 맞대고 기도를 올렸다.

우리는 타자라 특급 열차에 무사히 올랐다. 이제 비행장까지 가면 집으로 돌아갈 수 있었다. 조금은 안심할 수 있었다. 열차 안은 몹시 무더웠고, 천장에 달린 선풍기에서도 더운 바람만 나왔다.

특급 열차는 아프리카의 정글을 뚫고 달리고 또 달렸다. 우리가 탄 칸에는 똑같은 모자를 깊이 눌러쓰고 똑같은 옷을 입은 사람들 10여 명이 함께 타고 있었다.

"크리스마스에 이게 무슨 일이야? 집에 있었으면 탕수육 먹으면서 선물을 받았을 텐데!"

공자가 차창을 두드리며 울부짖었다.

"이건 다 너, 너무식 때문이야!"

내게 와락 달려들려던 공자가 똑같은 모자를 쓴 사람 중 한 명을 건드렸다. 순간 휘청이던 그의 모자가 벗겨지면서 코와 입이 없는 얼굴이 드러났다. 그러자 갑자기 그들 무리가 열차 칸의 앞문과 뒷문을 가로막았다. 그리고 가방에서 노란 스마일 그림이 그려진 병을 꺼내 들었다. 뚜껑을 열자 푸쉬익 하는 소리와 함께 가스가 새어 나와 삽시간에 열차 칸 전체로 번져 나갔다. 그들은 훈련받은 군인처럼 재빠르게 행동했고, 나조차도 순식간에 일어난 일이라 말릴 새가 없었다.

"유식아, 빨리 숨을 멈추는 초능력을 써!"

그제야 열차에 탄 승객들도 코와 입이 없는 자들을 보고 놀라 한바탕 소동이 일어났다.

"뭐, 뭐야!"

"까아악!"

열차 칸에서 비명이 울려 퍼졌다. 하지만 5분이 채 지나기 전에 웃음소리가 퍼지기 시작했다.

"크하하하하!"

"카아아아아하!"

모두 입을 틀어막았지만 미친 듯이 터져 나오는 웃음을 멈

추지 못했다.

"희주야, 공자야! PD님, 카메라 감독님!"

모두 웃고 또 웃었다. 어떻게 해야 할까? 정신이 아찔해지면서 등줄기로 식은땀이 흘러내렸다. 코와 입이 없는 자들이 하나둘 열차 밖으로 빠져나갔다. 뒤돌아선 그들의 목덜미에 마치 상품처럼 바코드가 찍혀 있었다. 여기서 그들을 놓치면 안 될 것 같았다.

그들을 쫓아 열차의 지붕 위까지 올라갔다. 엄청난 바람이 몰아쳤다. 열차 제일 앞칸의 지붕 위에 검은 내복이 기다리고

있었다. 가슴에 백장미 무늬가 새겨진 검은 내복이 나를 가리켰다. 그러자 코와 입이 없는 자들이 일사불란하게 움직이며 나를 공격하기 시작했다.

"역시 하마리 박사와 백장미파의 짓이군. 그렇다면 당신들도 하마리 박사가 만든 X-인류인가! 코와 입은 어디에 두고 왔지?"

내 질문에 대답 대신 공격만 돌아왔다.

휙, 척, 웅, 팍, 쉭쉭, 탁, 퍽…….

"아, 잠깐, 저기, 내가 누군지 알아? 빨간 내복의 초능력자라고! 좋게 말로 할 때 치료제를 내놓으라고! 컥, 으헉!"

달리는 특급 열차의 지붕 위에서 나는 X-인류 무리와 싸우려고 했지만…… 일방적으로 얻어맞았다. X-인류는 강력했다. 순간 퍽 하는 소리와 함께 열차 지붕 떨어져 창문 끝을 잡고 대롱대롱 매달리게 되었다. 열차 위에서 검은 내복이 나를 내려다봤다. 눈동자가 낯이 익다고 생각하던 찰나, 검은 내복이 내게 손을 내밀었다.

'왜지? 나를 구해 주려는 건가? 아니면 납치하려는 건가?'

다른 선택을 할 수 없었다. 검은 내복의 손을 잡고 겨우 열차의 지붕으로 올라왔다. 하지만 밀려드는 공격을 막아내지 못했고, 다시 퍽 소리와 함께 정신을 잃었다.

정신을 차렸을 때 희미하게 루나의 얼굴이 보였다.

"정신이 드니? 지붕 위에서 떨어졌어. 웃음병 바이러스를 피해서 올라간 거야? 빨간 내복은 왜 입고 있어?"

"루나야, 넌 웃음병에 안 걸렸어?"

루나는 화장실에 갔다가 열차 칸 안에 웃음병이 번진 것을 보고 들어가지 않았다고 했다.

"웃음병이 번진 열차 칸만 떼어 놓고, 다른 열차는 떠나 버렸어."

철로 위에 열차 칸 두 개만 덩그러니 멈춰 있었다. 창문으로 앞뒤로 열차 칸 안을 들여다봤다.

"카하하카카!"

"크아아으아하!"

"푸우헤헥헤헥!"

사람들이 힘겹게 웃고 있었다. 눈으로 눈물을 흘리면서 웃음을 멈추지 못했다. 희주도, 공자도, 방송국 팀 모두 웃음의 고통 속에서 몸부림쳤다.

"치료해야 해. 치료제가 있을 거야! 어떻게 구하지?"

허리에는 종이 한 장이 끼워져 있었다. 놀랍게도 그건 지도

였다. 웃음 바이러스 치료제가 있는 장소가 그려져 있었다. 누가 준 걸까? 코와 입이 없는 자들? 검은 내복? 함정은 아닐까?

하지만 함정이라도 가야만 했다. 구해야 할 사람들이 너무나 많았다.

"여기는 나미비아 사막이야. 너 혼자 어떻게 가려고 그래?"

루나가 말렸다. 열차는 멈춰 있고, 어디로도 갈 수 없었다. 눈물이 흘렀다. 내 눈물로 웃음을 멈출 수 있다면 온몸의 눈물을 다 짜낼 수 있을 것 같았다.

어느새 지평선 너머로 붉은 노을이 타올랐다. 열차 칸 안으로 들어가 나도 함께 웃음병에 걸리고 싶었다. 그러면 덜 괴로울 것 같았다.

투, 투, 투, 투, 투.

"유식아, 들려? 무슨 소리가 나."

투, 투, 투, 투, 투.

아프리카의 들판 저 멀리 불타오르는 노을을 뚫고 헬기가 나타났다. 헬기에서 낯익은 얼굴이 손을 흔들었다.

반투투 부족의 소녀 주술사 노주코 밤이었다. 헬기 조종사는 틀니가 곧잘 빠지는 찰리 틀니 할아버지였다.

"빨간 내복님이 코와 입이 없는 자들에게 쫓겨 위험에 빠진

다는 예지몽을 꾸었습니다. 내복님, 저희가 너무 늦지는 않았나요?"

노주코 밤과 찰리 할아버지는 웃음병에 감염된 사람들을 보고 깜짝 놀랐다.

헬기 덕분에 지도에 그려진 아프리카 남서부의 나미비아로 향할 수 있었다. '나미비아'는 원주민 말로 '아무것도 없다'는 뜻이라고 찰리 할아버지가 알려 주었다. 얼마쯤 더 날아가 끝없이 펼쳐진 사막 한가운데에 착륙했다.

"유식아, 아프리카코끼리는 240킬로미터 떨어진 빗소리를 들을 수 있대. 비구름이 내는 천둥 소리와 땅에 떨어지는 빗방울 소리를 알아낼 만큼 뛰어난 청력을 가졌어."

아인슈타인 박사는 코끼리 초능력을 불러일으켜 주었다. 나는 숨을 가다듬고 청력에 집중했다. 겹겹의 모래바람 소리 사이로 예전에 들었던 익숙한 소리를 찾았다. 하마리 연구소에서 들었던 3D 프린터기의 소리였다.

"북동쪽으로 1.2킬로미터 떨어진 지점, 나미비아의 유령도시 뤼데리치. 여기가 분명해요!"

다시 헬기로 뤼데리치까지 이동했다. 뤼데리치는 버려진 사막 도시였다. 사람도, 동물도 그림자 하나 보이지 않았다.

건물들은 지붕이 무너지고 벽이 허물어져 앙상한 기둥만 남았다. 유령이 나올 것처럼 으스스했다.

 나는 3D 프린터기의 소리를 따라 곧장 걸었다. 어두컴컴한 지하 계단을 따라 내려가자 길게 복도가 나타났다. 복도 끝의 철문을 망설임 없이 열었고, 갑자기 환한 빛이 쏟아졌다. 완전히 다른 세계에 온 것 같았다. 3D 프린터기 유리관들이 끝없이 세워진 채 윙윙, 소리를 내며 쉬지 않고 X-인류를 복제하고 있었다.

 삐익, 삑, 삐익, 연신 경고음이 울렸다. 444라는 디지털 숫자가 화면에 나타나더니, 털컹, 털컹, 3D 프린터기의 유리관들이 차례로 열렸다.

 척, 척, 척, 척척척.

 444명의 코와 입이 없는 복제 인간 무리가 우리 앞을 막아섰다. 루나는 내 뒤에 숨어 부들부들 떨었다. 찰리 할아버지와 노주코 밤의 얼굴은 하얗게 굳어졌다.

 "빨간 내복의 초능력자, 우리가 인연이 깊군. 여기까지 쫓아오다니. 정말 대단해."

 하마리 박사의 목소리가 스피커를 통해 들렸다.

 "웃음병 치료제를 구하러 왔어요! 치료제만 주면 그대로 돌아갈게요."

"이미 늦었어. 백장미파를 이끄는 나의 신이 이 모든 것을 계획하셨지."

"그 신을 만나게 해 주세요! 치료제를 반드시 구해야 해요!"

나의 외침이 복제 인간 공장의 허공에 쩌렁쩌렁 울렸다.

444명의 복제 인간 군대는 점점 가까이 다가와 우리를 에워쌌다. 뇌가 있어야 할 자리는 텅 비어 있고, 특수한 소형 컴퓨터 장치가 척수와 연결돼 있었다.

"아재님, 복제 인간들을 물리치려면 어떻게 하죠?"

"유식아, 복제 인간을 무서워하지 마. 하마리는 완벽한 인간

이 아니야. 완벽하지 않은 인간이 완벽한 인간을 만들 수 없거든. 복제 인간은 분명 약점이 있어."

우리를 에워싼 원이 점점 더 작게 좁혀졌다. 우리는 서로 손을 꼭 잡았다.

"우루루루루, 우라라라, 우라우라우라라……."

"투투투투, 반투투, 투투투, 반투투……."

입구 저쪽에서 누군가 몰려오는 소리와 함성이 뒤섞여 들렸다. 반투투 부족장이 이끄는 수백 명의 반투투 전사들이었다. 그 옆에는 고대 인류의 섬에 살던 강인한 데니소바인들도 있었다. 저마다 창과 방패 등 무기를 챙겨 들고 있었다.

"좀 늦었군. 빨간 내복, 신세를 갚으러 왔어."

머리에 화려한 깃털을 꽂은 반투투 부족장이 소리쳤다.

"니아, 우리, 여기!"

데니소바인을 이끄는 니아의 아버지 옆에서 니아가 손짓했다. 나는 감격해서 눈물을 주룩주룩 흘렸다. 이곳에 도착하자마자 노주코 밤이 연락했다고 귀띔했다.

"여기는 우리에게 맡기고 어서 하마리 박사를 찾아 치료제부터 구해야죠."

노주코 밤의 말에 나는 서둘러 공장을 벗어났다. 등 뒤에서 전투가 벌어지는 소리가 들렸다. 몇 개의 철문을 열고 계단을 내려가 복도를 지났다. 복제 인간 군대에 지시를 내리는 하마리 박사의 목소리가 안쪽에서 들려왔다.

나는 마지막 조종실의 문을 벌컥 열었다.

"하마리 박사님, 멈춰요!"

그런데 거기에는 하마리 박사가 없었다. 슈퍼컴퓨터와 복잡하게 연결된 거대한 로봇이 있을 뿐이었다.

"어서 오게. 빨간 내복, 나는 백장미파를 이끄는 과학의 신이라네!"

로봇의 목소리는 분명히 하마리 박사였다.

"하마리를 찾고 있겠지? 하하하! 하마리가 나를 만들었어. 그리고 지금은 하마리가 나의 일부가 되었어."

로봇이 무시무시한 말을 쏟아 냈다.

"유식아. 하마리 박사는 저기 있구나."

유리관 안에서 하마리 박사가 잠들어 있었다. 하마리 박사의 뇌를 연결한 여러 가닥의 전선이 슈퍼컴퓨터까지 이어져 있었고, 다른 쪽에는 퍼즐처럼 아인슈타인의 뇌 조각들이 연결돼 있었다.

"하마리에 슈퍼컴퓨터에 아인슈타인까지 더한 거야? 대체 정체가 뭐야?"

"나는 과학의 신이고, 나는 하마리고, 나는 아인슈타인이다! 크하하하! 지구에서 가장 완벽한 두뇌를 가진 내가 지구를 위해 인류를 청소하리라!"

인공지능 로봇 뒤로 전 세계 곳곳을 비춘 화면이 있었다. 화면에는 나무아 스마일 표시가 붙은 드론들이 날아다니는 모습이 보였다. 파필로마 변이 바이러스와 웃음병 바이러스라는 걸 짐작할 수 있었다.

인공지능 로봇이 붉은 버튼을 눌렀다. 60초의 카운트가 시작됐다.

"이제 1분도 지나지 않아 지구는 다시 태어나게 돼. 인류는 행복한 웃음과 함께 사라지겠지. 나무로 채워진 지구는 훨씬 아름다울 거야."

정신력을 집중해서 초능력을 모았다. 강력한 힘으로 공중에 떠올랐고, 곧장 로봇에게 초강력 주먹을 휘둘렀다.

퍽! 팍팍! 쿠쿵! 파파악!

인공지능 로봇에 맞서 온몸을 던져 싸웠다. 시간은 빠르게 흘러 30초밖에 남지 않았다. 모든 초능력을 다 사용해 보았지만, 싸움은 끝나지 않았다.

그때 검은 내복이 나타났다. 검은 내복은 나와 맞서는 척하면서 내 손에 뭔가를 쥐여 주었다. USB 메모리였다.

"시간이 없어. 어서!"

검은 내복이 속삭이며 가리키는 방향으로 USB를 들고 달렸다. 로봇이 눈치를 채고 주먹을 휘둘렀다. 검은 내복은 나를 대신해 로봇에 맞서려다 나뒹굴었다.

10, 9, 8, 7…… 초시계가 빠르게 흘러갔다.

이아얍! 로봇을 피하려고 점프로 뛰어올라 공중돌기 세 바퀴를 하고 착지했다. 그와 동시에 슈퍼컴퓨터에 USB를 정확하게 꽂아 넣었다.

번쩍, 번쩍! 갑자기 모니터 화면에 복잡한 기호들이 빠르게 지나갔다.

"유식아, 바이러스야. 성공이야! 슈퍼컴퓨터에 바이러스가 들어갔어!"

아인슈타인 박사가 벅찬 목소리로 외쳤다.

인공지능 로봇은 갑자기 이상한 소리를 지껄이기 시작했다.

"엄마, 하마리 엄마……, 나 좀 구해 줘. 난…… 잘못한 게 없어요. 나유식! 과학의 신에게 감히 무슨 짓이냐! 용서할 수 없다!"

눈동자에서 빨간 불빛을 번쩍이며 내게 쇠망치 같은 팔을 휘두르려는 순간, 아무 일도 일어나지 않았다.

나는 질끈 감았던 눈을 슬며시 떴다. 인공지능 로봇이 내 눈앞에 그대로 멈춰 있었다.

그때 하마리 박사가 옅은 신음을 뱉었다. 하지만 몸을 움직이지는 못했다. 나는 하마리 박사 가까이 다가갔다.

"유식 군, 쿨럭, 내 뇌는 전기 충격으로 이미 망가졌어. 쿨럭 쿨럭…… 웃음병과 파필로마 치료제는 저쪽 냉장실에 보관돼 있어."

하마리 박사는 간신히 숨을 토해 냈다.

"네가 나한테 물었던 문제가 계속 머릿속을 맴돌아."

하마리 박사가 어렵게 말을 이어 나갔다.

"세상 사람들 아무도 모르는 진실을 나만 알고 있을 때, 그 진실이 알려져 사람들이 불행해진다면, 그 진실을 알릴지 거짓으로 덮을지 선택하는 문제요?"

"그래, 맞아. 그 문제에 네 대답을 듣고 싶어."

"전 세상이 불행해져도 진실을 밝힐래요. 지금은 불행하더라도 나중에 반드시 행복해질 수 있으니까요. 당장의 불행이 두려워 거짓으로 덮어 버리면 나중에 더 큰 불행이 찾아올 거예요."

"그래, 맞아. 거짓으로 불행을 덮으려던 내가 지금 이렇게 더 큰 불행을 만났잖니. 내 판단이 틀렸어. 나는 인류를 사랑할 줄 몰랐던 과학자야."

그게 하마리 박사의 마지막 말이었다.

이번엔 한쪽 구석에 쓰러진 검은 내복에게로 갔다. 왜 하마리 박사를 배신하고 나를 구했을까? 검은 내복의 복면을 벗겼다.

"루나! 검은 내복이 너였어?"

상처투성이 루나는 조금씩 정신을 차렸다.

"유식아, 용서해 줘. 넌 정말 멋져. 나도 너처럼 세상을 구하고 싶었어."

"그만 말해. 나도 내가 멋진 건 알아. 어서 치료부터 하자."

 나는 루나를 부축하고 조종실을 벗어났다. 조종실의 컴퓨터에 바이러스가 퍼지면서 444명의 복제 인간 군대도 한순간 쓰러졌다.

 루나와 나는 찰리 할아버지의 헬기를 타고 친구들이 있는 열차로 날아갔다. 다행히 웃음병은 완전히 치료했고, 모두 무사했다.

 "유식아, 특별히 부탁할 게 있구나."

 아인슈타인 박사가 입을 열었다.

 "뭔데요?"

 "그 깻잎 말이다. 그거 그만 먹을 수 없니?"

 "음…… 안 돼요! 아직 동네를 지켜야 한단 말이에요."

 "제발 유식아! 그러면 통조림만이라도 그만 먹어!"

달리는 특급 열차 안에는 뒤늦게 크리스마스 캐럴이 흘렀고, 우리는 다 함께 따라 불렀다.
어두워지는 아프리카의 들판에서 야생 동물들이 평화롭게 풀을 뜯었다.

# 바이러스와 세균은 무엇이 다를까?

바이러스와 세균(박테리아)은 다르다. 세균은 스스로 움직일 수 있고 바이러스는 움직일 수 없다. 그런데 바이러스가 어떻게 이동하면서 감염시키느냐고? 바이러스는 재채기 같은 것을 통해 전파된다.

바이러스의 크기는 세균보다 훨씬 작다. 그래서 바이러스가 세균을 감염시키기도 한다. 세균은 핵과 세포로 이루어져 있지만, 바이러스는 세포가 아니라 RNA나 DNA 정보만 가진 단백

질이다. 그래서 바이러스는 생물의 특성을 보이지만 생물이라고 할 수 없다.

세균은 상처나 입을 통해 사람 몸으로 들어가서 병을 일으킨다. 식중독, 세균성 폐렴, 콜레라, 결핵 같은 것은 세균이 일으키는 병이다. 그리고 바이러스는 호흡기를 통해 사람 몸으로 들어가서 감기, 독감, 코로나, 천연두, 소아마비 등을 일으킨다. 물론 유산균이나 효모처럼 우리에게 유익한 세균도 있다.

세균은 항생제로 치료하는데, 바이러스는 항바이러스제나 백신으로 치료한다는 점도 다르다.

|  | 바이러스 | 세균 |
| --- | --- | --- |
| 종류 | 유전 정보만 가진 단백질 물질로 생물이 아니다. | 독립적 개체로 스스로 증식하는 단순 구조의 생물이다. |
| 활동 | 스스로 움직이지 못한다. | 스스로 움직인다. |
| 숙주 | 숙주에 기생하여 살아간다. | 숙주 없이 살아간다. |
| 변이 | 변이가 빨라 항바이러스제 개발이 어렵다. | 2차 감염이 거의 없고, 항생제로 치료한다. |

### 글 서지원

한양대학교를 졸업하고 《문학과 비평》에 소설로 등단해, 지식과 교양을 유쾌한 입담과
기발한 상상력으로 전하는 이야기꾼입니다. 지식 탐구 능력과 창의적인 문제 해결 능력을
스토리텔링으로 풀어낸 책 250여종 중에서 중국, 대만 등에 수십 종의 책이 수출되었고,
서울시 올해의 책, 원주시 올해의 책, 문화체육관광부와 한국도서관협회가 뽑은 우수문학도서
등에 선정되었습니다. 2009 개정 초등 국정 교과서와 고등 모델 교과서를 집필했고,
초등학교 4 학년 2학기 국어 교과서에 동화가 수록되었습니다.
쓴 책으로는 《빨간 내복의 초능력자 시즌1~2》, 《빨간 내복의 코딱지 히어로》,
《마지막 수학전사 1~5》, 《몹시도 수상쩍은 과학교실 1, 2, 3》 등이 있습니다.

### 그림 이진아

'십만원영화제'의 포스터 디자인을 시작으로 여성영화제, 인디다큐페스티발,
인디애니페스트 등 다양한 문화제와 영화제의 포스터를 그렸습니다. 그 밖에도
프리랜서 일러스트레이터로 다양한 작업을 하고 있습니다.
그린 책으로는 《생각이 크는 인문학》 시리즈, 《그릉 그릉 그릉》, 《나쁜 고양이는 없다》,
《빨간 내복의 초능력자 시즌1~2》, 《빨간 내복의 코딱지 히어로》, 《산이 부른다 1, 2》
등이 있습니다. 작가의 인스타를 방문하면 더 다양하고 재미있는 일상툰을 만날 수 있습니다.
www.instagram.com/altodito

### 감수 와이즈만 영재교육연구소

창의 영재수학과 창의 영재과학 교재 및 프로그램을 개발했습니다. 구성주의 이론에
입각한 교수학습 이론과 창의성 이론 및 선진 교육 이론 연구 등에도 전념하고 있습니다.
국내 최고의 사설 영재교육 기관인 와이즈만 영재교육에 교육 콘텐츠를 제공하고
교사 교육을 담당하고 있습니다.